MINISTÈRE DE L'ÉDUCATION NATIONALE

Inspection générale de l'Éducation nationale

Commission « **Décentralisation et enseignement** »

en collaboration avec **HACHETTE Éducation**

ACTES DU COLLOQUE

« L'ÉCOLE, CŒUR DU TERRITOIRE ? »

qui s'est tenu

Le 15 FÉVRIER 1995

au

PALAIS DU LUXEMBOURG
15 Ter, rue de Vaugirard 75006 PARIS
SALLE CLEMENCEAU

HACHETTE
Éducation

Inspection générale de l'Éducation nationale
Commission « Décentralisation et enseignement »
82, rue de Lille
75007 Paris
Téléphone : 49.55.25.67

ISBN 2.01.170446.4
Photo couverture : Le Sénat, © Richer/Hoa qui

Sommaire

« En quoi, à quel prix, et à quelles conditions l'École peut-elle mieux contribuer à la formation et au développement des individus, des citoyens de tous âges et de territoires, dans un contexte institutionnel et politique en évolution ? A quelles attentes doit-elle répondre ? »

AVERTISSEMENT

Le colloque « L'École, cœur du territoire ? » fait suite à deux autres rencontres, la première à l'abbaye de Fontevraud en octobre 1992 sur le thème : « la décentralisation de l'enseignement, dix ans après », en collaboration avec la Région Centre, les Pays de Loire et le Centre de formation de la fonction territoriale, la seconde, au Palais du Luxembourg en octobre 1993 sur le thème « l'Éducation nationale, la formation professionnelle et l'Économie locale ».

Ces rencontres, organisées à l'initiative de la commission *Décentralisation et enseignement* de l'inspection générale de l'Éducation nationale, se veulent l'occasion d'échanges, de confrontations, de bilans et de prospective pour toutes celles et tous ceux, élus, fonctionnaires, responsables d'associations, partenaires de l'action éducative ou simples citoyens qui souhaitent que tous les acteurs et tous les usagers du service public puissent avoir part à la réflexion aussi bien qu'à l'action de ce qui est à n'en pas douter une des réformes majeures de cette fin de siècle.

En collaboration avec les *Éditions Hachette* cette année, parce que le propre d'une commission de l'inspection générale est bien d'assurer le lien entre tous les partenaires de l'institution, il a paru nécessaire de tenter de replacer l'institution scolaire dans le cadre même de ce qui a fait à la fois sa raison d'être, son originalité et en tout état de cause sans doute une de ses missions originelles et originales, « le cœur du territoire ».

Aussi, après un siècle durant lequel l'École républicaine s'est fortement implantée au point de s'identifier étroitement au pays, à la Nation, à l'État, — mais en fait depuis plusieurs siècles dans la conquête des esprits et des lieux — le moment était-il venu de mesurer, avec des responsables politiques, des philosophes, des acteurs du terrain ou des bénéficiaires de l'institution scolaire d'approfondir l'évolution de la notion de territoire dans ses liens avec l'École et bien plus de se poser la question :

« L'École, cœur du territoire ? »

en essayant de situer la place et la mission de l'École dans une perspective historique, dans une dimension plus géographique, quel cadre, quelles conditions et dans une dimension plus globale et plus actuelle, à quel prix, l'École peut-elle et doit-elle remplir des missions traditionnelles ou nouvelles ?

Enfin, puisqu'en chaque citoyen l'École est inévitablement un lieu et un moment, était-il important de poser la question de savoir si elle veut et si elle peut être, comme l'organe physique et symbolique qu'est le cœur, un élément actif et symbolique des divers territoires, du fondement même de la nation que sont les citoyens et donc à quelles attentes elle doit répondre et quelles voies elle peut aujourd'hui et demain emprunter.

Tels sont les trois grands axes de la réflexion qui a animé ce colloque tout au long de la journée du 15 février 1995, dans des conditions de travail particulièrement favorables grâce à la compréhension et à l'extrême obligeance du Président Monory qui a bien voulu l'accueillir dans les salles du Palais du luxembourg, symbole même du territoire.

Sous forme d'exposés, d'échanges et de tables rondes, M. le Président Schumann de l'Académie française, ancien ministre, sénateur, représentant le président du Sénat, M. Duhamel directeur des Écoles, représentant le Ministre de l'Éducation nationale, M. le doyen Laforest doyen de l'inspection générale de l'Education nationale, M. Albertini historien, professeur, M. Beaulieu vice-président de la Région Poitou-Charente, M. Billet vice-président de l'Union nationale des associations familiales, M. Brianne Député, Mme Bui-trong, commissaire principal de police aux renseignements généraux, Mme Casanova directrice d'Hachette-pédagogie, M. Denis historien, président de l'Institut d'études politiques de Rennes, M. Feneuille directeur de recherches des établissements Lafarge, ancien directeur du CNRS, M. Ferrry philosophe, président du Conseil national des programmes, M. Fremont recteur d'académie, M. Ghoul ingénieur, M. Gorgeu directeur de Mairies-Conseils, M. Grandame principal de collège, M. Grasser Maire-adjoint d'Épinal, M. Guerin Inspecteur général, M. Hemez, inspecteur d'académie, Mme Lecoq chargé de mission à la DATAR représentant le délégué général, M. Le Drian inspecteur général de l'Éducation nationale, ancien ministre, maire de Lorient, M. Letourneux universitaire, chef de MAFPEN, M. Parthenay directeur du CRIDEL, M. Rioux historien, inspecteur général de l'Éducation nationale, M. Todd, sociologue, ont abordé les trois thèmes suivants :

I – En quoi et comment l'École a-t-elle pu jouer des rôles essentiels dans des territoires aussi divers que la commune, le département, la région ou même l'Etat ou la Nation ? Que recouvrent en fait ce symbole, cette institution, ce système, cet équipement public ?

II – En quoi, sous quelles formes et à quelles conditions l'École peut-elle conserver la dimension et la mission hautement symboliques de repère, d'intégration, de culture (et d'acculturation) aussi bien pour les jeunes, les moins jeunes que pour les plus anciens ?

III – En quoi, à quel prix, et à quelles conditions l'École peut-elle mieux contribuer à la formation et au développement des individus, des citoyens de tous âges et de territoires, dans un contexte institutionnel et politique en évolution ? À quelles attentes doit-elle répondre ?

OUVERTURE DU COLLOQUE

Allocution d'accueil de M. le Président Schumann, Sénateur, ancien Ministre, représentant M. Monory Président du Sénat.

Monsieur le Doyen, Mesdames, Messieurs.

J'ai l'honneur de représenter aujourd'hui devant vous, le Président du Sénat. Le propre de M. **René Monory**, c'est de ne pas être un homme politique comme les autres. C'est un homme d'avenir qui a le futur dans le cœur et dans l'esprit. Il est le **fondateur du Futuroscope** et c'est après un séjour au Futuroscope qu'il m'avait fourni l'occasion d'un colloque simultané avec des classes d'enseignement secondaire sises aux points les plus éloignés les uns des autres du territoire français que m'est venue l'idée, puisque je le représente aujourd'hui, de vous faire une suggestion. Je n'ai rien à ajouter bien sûr, je n'ai même aucune contribution à apporter au sujet fort intéressant et fort actuel qui est inscrit à votre ordre du jour, mais je voudrais me permettre de vous suggérer de consacrer, une autre année, une discussion à ce que sera l'effet sur l'enseignement d'une immense révolution industrielle qui s'annonce et qui se prépare et qui est la numérisation et l'ensemble de ses effets. La numérisation qui permet, vous le savez, de traiter sous une même forme binaire des informations de différentes natures. Beaucoup d'entre nous, sommes ou avons été des enseignants, moi-même il m'arrive encore de donner, dans mon ancienne chaire, deux cours par an, l'un le premier, l'autre le tout dernier, et nous savons, quand un problème nouveau se pose, qu'il est sage de le ramener, pour commencer, à ses données élémentaires afin d'être capable de le maîtriser. Alors nous ne sommes pas ici pour entrer dans des détails technologiques mais nous devons et nous pouvons nous poser les questions initiales d'où dépendront les réponses futures.

Premier point : **qu'appelle-t-on information** ? Ce sont des textes écrits, par exemple un article de journal ou un livre ; ce sont des sons, par exemple une œuvre musicale, une émission de radio ou un appel téléphonique ; ce sont des images fixes, par exemple la pellicule photographique. Ce sont des images mobiles, par exemple n'importe quelle image animée, un film ou une production audiovisuelle.

Deuxième point : **toutes ces informations ont, à l'heure actuelle, des supports distincts,** le papier, la pellicule photographique, la bande magnétique, la disquette informatique et, pour nous parvenir, elles empreintent toutes des voies distinctes qui sont l'impression, le fil téléphonique, le faisceau hertzien ou les câbles.

Troisième point : et nous entrons dans le vif du sujet, la **numérisation va permettre, permet déjà, la fusion de ces informations** et de leurs modes de communication. Elle permet, j'en ai vu moi-même des expériences, de transmettre un appel téléphonique par le câble de la télévision, une image par le réseau téléphonique. Ce qui veut dire qu'au prochain siècle, c'est-à-dire demain, les entreprises pratiqueront le travail à distance et pas seulement la vidéo conférence comme à l'heure actuelle, mais cela veut dire aussi que l'éducation reposera sur l'accès à distance aux Écoles, aux universités, à la formation professionnelle. Tout à l'heure, rencontrant un inspecteur général qui porte un nom célèbre dans la région, le nom de **Paul Hazard**, je lui rappelais que, à l'époque évidemment lointaine de ma naissance, Paul Hazard n'était pas encore professeur au Collège de France ni académicien mais il était professeur de rhétorique, comme on disait alors au collège d'Armentières, et le nombre de ses élèves était si faible que l'enseignement qu'il dispensait avait un caractère socratique, je veux dire par là que chacun de ses élèves à tour de rôle, il y en avait dix à douze au maximum, avait le privilège d'une conversation directe avec le maître en le ramenant à son domicile après la classe. Évidemment la distance parcourue entre cette époque et l'ère de la numérisation, dont je viens de définir les données, est une différence temporelle beaucoup plus grande que la différence entre Socrate se promenant sur les bords de l'Illicius et ma jeunesse.

Alors, quel est ce problème au-devant duquel nous devons aller ? On peut, au départ, se demander si l'uniformisation des technologies n'aura pas d'inconvénients, c'est la première question. On peut d'autre part se demander si, au contraire, le télé-enseignement généralisé n'aura pas pour effet d'unifier l'enseignement alors qu'il y a un certain intérêt, indubitablement, à faire en sorte que les modalités de l'enseignement ne soient pas trop éloignées les unes des autres, d'un bout à l'autre du territoire. On peut aussi se demander dans quelle mesure l'interactivité, qui est une partie intégrante de la numérisation, l'interactivité, c'est-à-dire la possibilité du dialogue, n'aura pas pour effet, alors que le maître et les élèves seront à distance, de permettre une réponse, des questions et un enseignement par voies d'échanges. Je pose les questions, je ne les résous pas et je me demande si je n'aurais pas le privilège, l'an prochain par exemple, non plus d'être à cette tribune mais d'être dans la salle et d'entendre les hommes et les femmes d'élite qui sont ici rassemblés se porter sur demain. Vous avez la parole, cher monsieur.

(Applaudissements)

M. Alain Bouchez Inspecteur général, président de la Commission « Décentralisation et Enseignement ».

M. le président, mesdames, messieurs les parlementaires, mesdames, messieurs.

« Notre pays s'appelait autrefois la Gaule, ses habitants étaient les gaulois ; nos ancêtres les Gaulois... »

Cette phrase qui habite nos mémoires place bien, me semble-t-il, à la fois par ce qu'elle dit, par ce qu'elle évoque mais aussi par ce qu'elle ne dit pas, le thème même de notre colloque : « **L'École, cœur du territoire ?** »

Elle dit d'abord que nous nous inscrivons dans un territoire, un territoire presque abstrait, « notre pays » dont on a à peine une vague notion, qu'on peut à peine saisir, cerner, définir, mais un territoire qui existe et nous appartient en quelque sorte, avec un autrefois, c'est-à-dire avec une histoire. Mais également, un territoire qui n'est pas désincarné, puisqu'il s'appelait la gaule et que ce nom est nécessairement aussi un symbole, puisqu'on le rappelle, qu'on prend la peine de le dire d'entrée de jeu, et que ce territoire était peuplé d'habitants, les Gaulois, nos ancêtres, desquels, par le miracle des mots inscrits dans nos livres, nous nous sentons proches et par là nécessairement nous nous inscrivons dans une continuité, dans le prolongement de cette histoire.

Mais une telle phrase, parce qu'on nous l'a, au fil des décennies, tellement rappelée — et tellement reprochée à nous Français, — par ce qu'elle ne dit pas, fait naître dans chacune de nos mémoires un lieu privilégié où, face à un maître, un instituteur ou un professeur avec un visage, une voix et un regard, où dans un ensemble d'enfants du même âge, nous nous sentions à la fois terriblement seuls et merveilleusement proches les uns des autres.

Nous savions intuitivement, intimement même, et nous savons bien encore, qu'une École c'est d'abord un lieu, c'est à dire aussi le territoire premier que nous pouvions mesurer ou maîtriser, qui n'était plus le cocon ou la maison familiale mais déjà une partie du monde. L'École était bien notre premier territoire.

Parce que nous étions seuls sous le regard d'un maître nous savions que, pour quelqu'un, nous existions, que nous étions une personne à part entière, un être unique, objet de toutes les attentions, de toutes les sollicitudes, les plus chaleureuses comme les plus exigeantes, et nous aimions autant les exigences que les faveurs.

Parce que nous étions une bande de galopins du même âge, nous savions que nous apprenions les mêmes choses, dans un ensemble plus vaste, avec des adultes vivants, autour des murs de l'École, avec aussi parfois des morts familiers gravés dans la pierre, sur une plaque ou sur un monument et nous savions d'une façon plus proche, presque plus charnelle, que les noms gravés, c'était parfois le nom d'un père ou d'un parent, et par là même, nous savions bien que nous appartenions à une même communauté qui lisait les mêmes livres, récitait les mêmes récitations, apprenait les mêmes choses, qui avait ses repères, ses lieux privilégiés, de mémoire comme ses lieux privilégiés de jeu ou de travail.

Cette première communauté que nous vivions s'inscrivait déjà dans un premier territoire, la commune, dont elle était dans le monde rural mais aussi dans les villes, l'espèce de cœur qui battait au rythme des rentrées et des sorties. Ce long défilé des enfants et de leurs cris sur les trottoirs, était bien le signe que quelque chose se passait dans chacun des villages de France et des quartiers et qu'il y avait une vie, un pouls qui battait, et qui donnait à tous des raisons d'exister. Je ne m'étendrai pas sur cette image qui n'est pas seulement idyllique mais qui était bien une réalité : l'École de Jules Ferry avait su faire que dans les communes la fête la plus importante c'était la fête des Écoles parce que c'était la fête des jeunes, mais aussi de leurs parents et de leurs grands parents, c'est à dire la communauté des générations qui s'y trouvaient réunies. Et même aujourd'hui cette attente de l'École, cette espérance de l'École restent telles qu'une fermeture d'École et même une fermeture de classe sont ressenties par toutes les générations comme la mort effective d'une communauté et d'un territoire.

Parce que nous étions là pour apprendre, de gré ou de force, nous entrions dans le monde des livres, dans le monde de la connaissance, dans le monde tout simplement et dans la vie, qui désormais devenaient de moins en moins inconnus. Et, au fil des années, c'est notre vie qui se faisait car les leçons pouvaient se transformer en gestes, en actions, en raisonnements, en questions, en savoir-faire, jusqu'aux savoirs dont nous ne savions même pas que nous les savions tellement ils étaient devenus notre être et, en ce temps là, parce que l'École était faite pour cela, en savoir-être-au-monde qui nous entourait. Mais au prix de quels efforts pour chacun d'entre nous ! Et le savent mieux que d'autres ceux qui, n'étant pas nés en France, n'étant pas nés Français, et vous en aurez un témoignage tout à l'heure dans la deuxième table ronde, ceux qui ont pu grâce à notre École accéder à une réussite dans leur vie personnelle et professionnelle, parce l'École a été pour eux l'ouverture sur d'autres horizons, l'inscription dans une culture et dans des valeurs et aussi sur un autre territoire.

Car l'École était aussi, pour la plupart d'entre nous, le lieu des premières contraintes, des premières régles de vie sur lesquelles, en ce temps-là, il ne faisait pas bon transiger, donc des premiers efforts, et surtout des efforts sur soi, pour se contraindre, parfois pour se modeler, parfois pour se rebeller, et l'École nous donnait aussi les moyens de nous rebeller, parce que, si elle nous donnait les cadres, les repères, les modèles, elle imprégnait aussi dans nos esprits des modèles de liberté dans lesquels nous pouvions puiser ce que bon nous semblait.

Enfin, l'École que nous avons connue tous, l'École de la République, était irrémédiablement liée à la langue, la langue française. La langue des livres, la langue des poètes et des philosophes, mais aussi cette langue, qui au delà de tous nos particularismes avait su, sur notre propre territoire nous lier comme un pacte, d'abord les uns avec les autres puisque nous nous comprenions de Brest à Strasbourg ou des Flandres au Pays Basque, un pacte avec la culture, un pacte avec la pensée, et pas seulement comme certains ont voulu le faire croire ce n'était pas la langue d'une classe, voire la langue d'une caste, c'était une langue modèle certes parce que c'était celle qu'en un temps, on a parlé de Paris à Postdam ou Saint-Pétersbourg, celle d'une certaine vision de l'Europe quand elle portait déjà une certaine idée de l'Homme.

Je suis persuadé qu'au fond de l'âme de tous les Français, l'École a conservé les vertus de cette espèce d'image d'Épinal, lieu, symbole, système, indissolublement liés et se conjuguant, se chevauchant pour faire de nous, des jeunes êtres déjà assez autonomes, puisque, bon an mal an, quelque soit le niveau de nos études auquel nous sortions, nous avions tous des points communs, des repères partagés, des connaissances partagées, nous avions des racines fortes sur lesquelles nous allions les uns et les autres nous accrocher, nous poser pour nous construire, parce que nous avions déjà dans ce système qui nous a faits, **un socle commun de connaissances de base, de compétences essentielles, de maîtrises de notions indispensables** qui nous permettaient d'exister c'est à dire d'espérer, mais aussi, si nous le voulions, des outils pour critiquer, protester ou contester. L'École était, faut-il le rappeler, pour la quasi totalité, même pour les moins doués, même les plus démunis, le premier lieu de l'espérance.

Cette image d'Épinal, ai-je dit, nous la portons en nous, non pas comme une nostalgie pour la regarder de temps à autre avec un sourire, mais parce qu'elle nous a enracinés dans quelque chose de vivant.

Mais l'image de l'École d'aujourd'hui, je la cerne un peu moins bien que celle d'hier. Elle m'apparaît plutôt déchirée, morcelée, un peu comme ces lueurs des kaléidoscopes qui se détruisent et se reconstruisent au gré des mouvements, et l'image de l'École qui se profile est encore un peu floue. Elle est plus que jamais une espérance, mais aussi bien souvent le bouc émissaire de la plupart des maux. Elle est encore un des rares lieux et moments de référence dans un monde où les repères, les certitudes idéologiques, philosophiques, religieuses ont basculé, un des seuls points communs, un point fixe, puisque tout le monde va encore à l'École et plus que jamais, cela est vrai.

Mais à l'heure où l'organisation du pays s'est transformée, où les références territoriales traditionnelles sont d'une autre nature, administrative, politique, économique, où même nous ne pouvons pas ne pas nous situer dans un ensemble plus vaste qu'est l'europe dont les contours géographiques, territoriaux, philosophiques ou politiques sont pour le moins fluctuants, nous sentons bien que les attentes de la société pour son École, ses exigences, devrait-on dire, ont changé, sont même devenues démesurées. L'École aujourd'hui pense-t-on, doit et se doit de résoudre le problèmes du groupe et des individus, de l'intégration et de la différence, les problèmes économiques et les problèmes moraux, les problèmes de santé physique et de santé morale... Quelles responsabilités, quels enjeux ? Jusqu'où peut-elle et doit-elle y répondre, sans perdre ce qui a été son essence même et que nous rappelions tout à l'heure, car nous savons bien par ailleurs que depuis 20, 25 ans ou peut-être plus, un certain nombre de caps n'ont pu être conservés qu'elle s'est peut être trop laissée charmer par quelques sirènes ?

La voie qu'elle pourrait choisir, une des solutions, n'est-elle pas de gouverner elle-même quelques mutations indispensables permettant de mieux développer les compétences, les capacités des individus dont elle a la charge en s'appuyant mieux qu'elle ne l'a fait sur la multiplicité des champs du savoir qui ne font que s'élargir d'année en année ? De mieux cerner, l'essentiel, parce que c'est d'abord de cela que nous avons besoin, puisque par ailleurs des Écoles parallèles existent et dont nous n'avons pas su tirer nous aussi tout le bénéfice et qui risquent de nous déborder et même de nous marginaliser ? De recréer les conditions d'une nouvelle communauté en prenant mieux en compte les nécessités des différents niveaux du territoire mais en donnant à chaque individu, à chaque futur citoyen, les moyens d'être plus intensément soi-même mais surtout plus intensément lié (c'est à dire aussi responsable) à ce qui lui est proche ?

La voie ne serait-t-elle pas, que **l'École redevienne le cœur du territoire**, c'est-à-dire à la fois le point d'ancrage des individus dans un territoire et d'un territoire pour des individus, comme un organe vivant qui irrigue, qui insuffle l'élément vital en permanence, c'est à dire tout au long de la vie et qui permette à chacun, à chaque futur citoyen de s'épanouir librement, qu'elle soit naturellement la condition de l'avenir en gardant du passé ce qui est toujours porteur d'avenir, parce qu'elle est la force première, parce qu'elle est les premiers repères, parce qu'elle est les premières exigences, parce qu'elle est la première des chances, parce qu'aucun domaine de la pensée, des sens, des connaissances ou de l'action ne lui est étranger, parce qu'elle a aussi, de par sa place dans notre société une fonction éthique dont nous sommes les uns et les autres détenteurs et responsables.

Qu'elle soit un peu comme le rappelle la définition du Larousse qui dit que le cœur est « **une époque intermédiaire entre deux époques extrêmes, que c'est le siège de la sensibilité morale, pensée, sentiment, que c'est également la source du mouvement** ».

Nous espérons que ce colloque contribuera à clarifier notre réflexion. Aussi voudrais-je remercier très vivement M. le Président **Monory** d'avoir permis que cette réunion, puisse se tenir dans ce haut lieu qui est le symbole même des différents territoires qui structurent notre pays et vous même, Monsieur le Président **Schumann**, de nous avoir accueillis comme vous l'avez fait et comme vous l'aviez déjà fait l'an dernier, témoignant d'une continuité et d'une fidélité à nos travaux. Qu'un membre de l'Académie française ouvre un colloque sur l'École, nous pensons que cela est presque naturel, mais nous sommes honorés de ce haut patronage et de votre présence qui en outre nous trace des perspectives d'avenir et d'autres territoires à conquérir.

Mes remerciements vont également à toutes les autres personnalités du monde politique, mesdames et messieurs les parlementaires et les maires, les membres de l'Université, du monde associatif comme du monde de l'édition ou de l'économie et de l'industrie, du représentant du Ministre de l'Éducation qui nous rejoindra tout à l'heure, qui ont accepté de témoigner devant nous et avec nous et qui nous ouvriront à n'en pas douter de nouvelles perspectives de réflexion et d'action pour les élèves, pour leurs familles, pour les responsables du système et pour les citoyens que nous sommes.

Mes remerciements, à vous mesdames et messieurs qui avez pris sur votre temps pour participer à nos travaux, et en particulier à l'importante délégation Belge, messieurs les directeurs généraux de l'Enseignement de la Province du Hainaut, au représentant de Mme le Recteur de Paris, aux membres du Conseil d'État et aux éditions Hachette qui ont accepté de participer à la réalisation de ce colloque et qui en publieront les actes.

M. Schumann

Je remercie Monsieur Bouchez, Président de la commission « Décentralisation et Enseignement » de ses paroles d'accueil que j'ai trouvées très judicieuses et même très émouvantes. Monsieur le Doyen Laforest, voulez-vous, s'il vous plaît, prendre maintenant la parole pour ouvrir le colloque proprement dit.

Laforest Doyen de l'inspection générale de ducation Nationale.

Merci, Monsieur le Président.

Merci, Mesdames et Messieurs et chers collègues. Mes remerciements s'adressent d'abord, bien entendu, aux organisateurs. Ce sont des remerciements et des félicitations car la commission **« Décentralisation et Enseignement »** de l'Inspection générale, qui regroupe des inspecteurs généraux de différents groupes, effectue, tout au long de l'année, un travail considérable et efficace pour être présente, d'une manière ou d'une autre, dans les manifestations de grande envergure — je songe, notamment, au colloque de Fontevraud qui a eu lieu naguère. Merci à tous ceux qui, malgré les contraintes des emplois du temps, ont accepté d'être présents aujourd'hui.

D'une certaine manière tout a été dit sur l'essentiel et, grâce au Président Schumann et à notre collègue Alain Bouchez, les éléments principaux de réflexion ont déjà été mis en place. En ce qui me concerne, je ferai part de quelques réflexions et convictions. Le territoire n'est pas simplement ce qu'on possède, c'est ce qu'on s'approprie par un travail. Le territoire, ce n'est pas simplement un espace qui peut changer selon qu'il s'agit d'une entité administrative, historique, géographique ou autre, le territoire c'est ce dont nous sommes, d'une certaine manière, originaire : dans territoire, il y a terre, il y a quelque chose de charnel, ce que rappelle le mot cœur qui est dans le titre de ce colloque. La relation de l'homme à son propre territoire ou, d'une manière plus précise, aux différents territoires à l'intérieur desquels il se trouve est une relation qui n'est pas donnée mais qui est l'objet d'une volonté et d'un travail qui engagent à la fois notre passé et notre avenir.

Cela suppose que les hommes, et par conséquent les jeunes, soient préparés à enrichir, à développer, à habiter pacifiquement et démocratiquement ces territoires qui constituent la richesse d'un pays.

« École, cœur du territoire ? » : c'est une très belle métaphore organique. Ce n'est pas l'École au cœur du territoire, une simple situation géographique. C'est l'École comme organe vivant qui donne l'impulsion, qui donne l'âme et l'esprit de tout le reste. Car le territoire n'est rien sans les hommes qui l'habitent, sans les êtres qui le transforment en se projetant dans l'avenir. D'où le rôle de l'École dans l'habitation éclairée du territoire.

L'École est à la fois origine et fondement de l'instruction. Instruction signifie mise en ordre. C'est d'abord une mise en ordre de la pensée par l'institution de la langue. C'est donc l'apprentissage de la langue et la maîtrise, progressivement développée, de cette langue. Ensuite, c'est l'usage de cette langue et si possible, la jouissance de cette langue. Ce n'est pas seulement l'usage laborieux de la langue que nous souhaitons développer chez nos élèves ; c'est la jouissance de la langue en elle-même et la voie d'accès qu'elle donne à tout le reste. Cette langue est, sur notre territoire, prioritairement la langue française, même si d'autres langues peuvent s'y ajouter. Une langue est instrument de rigueur qui permet la communication.

L'instruction, comme mise en ordre, c'est ensuite l'instruction dans les différents savoirs. C'est le savoir historique, car il n'y a pas de territoire sans reprise de toute l'histoire de ce territoire. Nous ne pouvons être ce que nous sommes que si nous nous sentons des héritiers de ceux qui ont fait ce territoire avec son patrimoine. Ce sont les différents savoirs scientifiques et technologiques, tels qu'ils se développent aujourd'hui dans leur diversité. Le Président Schumann le rappelait, certains d'entre eux permettent un développement du savoir. Je songe aux technologies dites de l'éducation et à l'enseignement à distance qui, aujourd'hui, ouvrent des perspectives considérables. Cette instruction, par les différents savoirs, vise la formation générale, la formation intellectuelle générale au métier d'homme mais aussi, bien entendu, les deux choses ne sont absolument pas contradictoires, la réponse aux besoins des différents métiers. Ces savoirs permettent de posséder intelligemment, de façon fine et adaptée, au plus près des évolutions, les différents métiers qui correspondent aux besoins économiques, ce qui évite ce phénomène si grave sur le plan politique et sur le plan moral, qu'est le phénomène de l'exclusion. C'est par cette possession des différents savoirs qui permettent l'accès à des métiers qu'il y a une insertion économique et une insertion sociale.

Instruction par la langue, instruction par les savoirs, mais c'est encore insuffisant. Il y a l'instruction par les valeurs. Ces valeurs, nous les connaissons bien : il s'agit de la liberté, de la responsabilité, de la solidarité. On pourrait en énumérer d'autres. Ce sont des valeurs dont l'apprentissage est fait à l'École et qui permettront une habitation et un développement pacifique du territoire. L'École, grâce à ses valeurs, soude et unit les jeunes. Elle leur permet de se comprendre dans leurs particularités, dans leur identité qu'il ne s'agit nullement de nier, mais elle leur permet aussi de découvrir la dimension de l'Universel. Universel ne s'oppose pas aux particularités : il permet aux particularités d'avoir leur place légitime et c'est grâce à cette éducation aux valeurs, qui est un accès à l'universel, que l'École donne le sens de l'intérêt général sans lequel le territoire ou les territoires deviendront non pas des lieux pacifiques d'humanité mais des lieux dramatiques d'affrontements. C'est la raison pour laquelle il y a un lien aussi fort entre l'École et l'État qui a la charge de développer, d'ordonner, d'aménager les territoires. C'est la raison pour laquelle il est urgent de réfléchir à ce que sont actuellement les modifications qui affectent l'organisation de la France, notamment l'organisation administrative de la France au sein de l'Europe. C'est la raison pour laquelle il est si important de découvrir, avec précision, grâce aux travaux de ces commissions et colloques, ce que sont les évolutions dans l'exercice des responsabilités, notamment pour les collectivités.

Il convient d'accompagner les changements économiques, administratifs et sociaux, avec l'idée forte de l'École : celle-ci quels que soient les changements, demeure un lieu de libération, conserve un rôle libérateur et, pour reprendre un terme qui a été employé tout à l'heure par Alain Bouchez, demeure une espérance. Grâce à elle nous serons à la fois des héritiers fidèles, mais en même temps, je le crois, des devanciers novateurs.

Merci, Monsieur le Président.

(Applaudissements)

M. Schumann

En remerciant Monsieur le Doyen Laforest, appelé par d'autres obligations, je vous demande la permission de me retirer moi aussi. Je compte bien revenir en cours de journée et m'asseoir parmi vous pour entendre et pour apprendre.

Merci.

(Applaudissements)

PREMIER AXE DE RÉFLEXION

M. Bouchez

Merci au Président Schumann de nous avoir consacré ce temps. La parole, maintenant, est à M. Rioux

M. Rioux, Inspecteur général, historien.

Après ces ouvertures qui déjà nous ont signalé quelques points qui ne sont pas un débat, mais qui sont fort importants pour comprendre la philosophie générale qui préside à ce colloque, « l'École, cœur du territoire ? », nous aborderons le premier axe. Il s'agira d'une sorte de table ronde très libre entre nous quatre. M. Albertini, M. Denis et M. Ferry vont prendre la parole successivement, cela va de soi. Je vais me permettre de m'approprier celle-ci pour quelques minutes.

Notre premier « axe » a un libellé d'une ampleur redoutable : **« En quoi et comment l'École a-t-elle pu jouer des rôles essentiels dans des territoires aussi divers que la commune, le département, la région ou même l'État ou la Nation ? Que recouvrent en fait ce symbole, cette institution, ce système, cet équipement public ? »** Vous mesurez l'ampleur de la question et sa complexité. Elle a vocation de rappel historique, puisque nous sommes dans le « a-t-elle pu jouer ».

Pour ma part, je voudrais très simplement dire deux choses : l'une, d'ordre historique, la seconde d'ordre géographique. La remarque historique a été déjà très largement faite par Alain Bouchez et Georges Laforest. Je crois qu'il faudrait, pour que notre discussion soit bien assise au départ, que nous tombions bien d'accord sur ce que sont les origines historiques ou le libellé originel, si je puis dire, de cette École « cœur du territoire ». Je pense, sans nostalgie aucune et même si les faits en mémoire restent considérables, qu'il faut dire très clairement que la philosophie générale de l'institution scolaire, telle qu'elle a été bâtie de Condorcet à Jules Ferry, n'est pas une philosophie de la proximité et encore moins de la territorialité. Tout au contraire, l'institution scolaire, telle qu'elle a été voulue par les pères fondateurs, est tout à la fois individualiste, républicaine, nationale et universaliste. Historiquement, il faut tenir de dire que l'institution scolaire a récusé le particularisme de territoire.

Tout au contraire l'École n'est pas une philosophie de la territorialité au point, et cela a été fort bien rappelé à l'instant, qu'elle a été capable de forger elle-même son propre espace clos, à l'abri de la fureur de tout environnement social, religieux, culturel ou géographique : la salle de classe. Celle ci est ce lieu exceptionnel d'artifices, ce lieu unique, ce lieu générique dans son exceptionnalité, dans son extra-territorialité. La classe n'est pas communautaire, la classe n'est pas identitaire. Elle est ce lieu clos d'apprentissages tout en un, et le Doyen Laforest vient de le rappeler superbement : d'une langue, de savoirs et de valeurs, tout en un de savoirs et de citoyenneté. Autrement dit, il est très clair qu'historiquement, l'École « cœur du territoire » a été beaucoup plus un symbole et une institution qu'un équipement. L'École n'a pas été conçue comme un équipement au sens où nous entendons le mot aujourd'hui, elle n'est pas un de ces équipements à vocation culturelle qu'on met au service du développement culturel d'une collectivité. Elle est un lieu éthique idéal soumis à des ordres. Et les ordres, énumérés depuis Condorcet, nous les connaissons bien : c'est l'ordre de la découverte, l'ordre de la raison, l'ordre de l'apprentissage.

S'est aussi installé un dispositif scolaire dans un pays sur un territoire où l'État a précédé la Nation. Historiquement, c'est ce qui nous distingue de quelques-uns de nos voisins européens. À preuve donc tout ce qui est attache nationale par définition, pour les enseignements et les enseignants. À preuve, la méticulosité avec laquelle, au cœur du dispositif il y a un siècle avec l'École primaire, la loi Gobblet de 1886 a réglé la question de l'attache communale de ce dispositif idéal qu'est l'École républicaine. À preuve, la rigidité nationale des dispositifs depuis Napoléon jusqu'au cœur de la Ve République. Autrement dit, à toute étape historique du développement de l'institution scolaire, on pourrait assez facilement montrer combien cette philosophie générale a couru, a été prégnante, et montrer comment, la compétition territoriale pour accueillir, pour développer l'École, a été strictement conçue et menée en terme d'élitisme républicain. Le bon exemple, souvent étudié, a été le temps de la IIIe République. Dans une rivalité d'élitisme républicain, les communes ont alors installé ces maisons d'Écoles dont il n'est pas un hasard si tant d'entre elles ont eu un modèle architectural commun et ont été des mairies Écoles. Tout ceci est assez aisé à démontrer : il y eut une constante hostilité à toute vision communautaire de la Nation, à toute vision d'une Nation qui serait un emboîtement de corps professionnels et de petites patries. Le raisonnement instinctif, identitaire est abandonné aux adversaires, aux royalistes, aux catholiques, accrochés à la paroisse et à l'École paroissiale qui, elles, sont conçues comme identitaire et communautaire. De même, aux heures sombres de Vichy, une conception enracinée de la citoyenneté, telle que Vichy tentait de la promouvoir, a été récusée et combattue. On pourrait faire la démonstration a contrario. Les seuls flottements, sur la localisation idéale ou sur le maillage territorial, peuvent s'observer sur les maillons faibles du dispositif scolaire, pour tout ce qui touche à l'apprentissage et à l'enseignement professionnel. Par contre, pour tout ce qui est fort ou est jugé central, le raisonnement a été très parlant, cette philosophie a présidé jusqu'au maillage national du collège dans les années 1960. Il y avait là la même logique d'aménagement d'un territoire scolarisable, parce que c'était une logique de modernisation et de croissance pour tous, planifiable, et répondant à plein à la philosophie générale que je disais au début. Bref, pour ne faire qu'une citation, celle d'Arbogaste dans son rapport de 1792, « *Les lois uniformes pour tous les citoyens ont fait de la France entière une grande famille ; l'instruction se rapportant aux lois doit donc être uniforme aussi dans toute l'étendue de la République* » et cette étendue de la République, vous le comprenez bien, est à la fois géographique et morale. Alors, ajoute Arbogaste, « *l'émulation entre les différentes Écoles portera tout entière sur le talent d'enseigner.* »

Sur la question **« Comment rester fidèle à ce volontarisme là aujourd'hui »,** il faudrait apporter un argumentaire complet. Je ne retiens qu'un point. Quelque chose, me semble-t-il, est en train de changer dans ce pays depuis vingt ans, et c'est en conséquence d'évolutions très profondes, qu'il s'agisse à la fois des dilatations européennes et internationales de la donne, qu'il s'agisse de ce que la sociologie nous apprend à nommer une sorte de tribalisation du social, qu'il s'agisse des montées d'idéaux communautaires voire de populismes variés, qu'on examine la poussée d'une certaine socialité organique, de la poussée du petit groupe ou du réseau existentiel. Cette montée des particularismes identitaires, patrimoniaux à l'occasion, cette montée de narcissisme, si variée dans cette société, tout cela entretient l'enjeu local dans la vie de la société française. Autrement dit, il y a une telle force, désormais, de l'argument de proximité pour la gestion de pratiquement toutes les questions, en terme d'équipements, en terme d'emplois, etc., que, pour l'École, une des questions du jour est : comment ce qu'on s'est plu à dénommer depuis un certain nombre d'années par une métaphore organiste sur laquelle il y aurait beaucoup à dire, le système éducatif, comment ce système éducatif répond-il à cette montée de l'enjeu local ? En quoi est-il capable d'assumer la contradiction de départ qui fait que, s'il répond à tout l'effet particulariste et identitaire et communautaire de tout ce que « local » trahit, il risque d'être infidèle à la philosophie générale que j'exposais au début ? Voilà une grande difficulté. La seconde serait, non plus spatiale mais systémique. En quoi, dans sa croissance même et par sa croissance même, le système éducatif est-il, heureusement ou non, territorialisé ? Il faudrait, je crois, faire un vrai bilan des limites et de l'échec social, de ce qu'on a pu appeler le « milieu éducatif », que toute la pédagogie moderne, vous le savez, a prétendu cultiver pour répondre aux besoins des jeunes et pour multiplier les apprentissages qui vont contribuer au développement de l'enfant et du jeune. Qu'est-ce-qu'un « milieu éducatif » dans la France de 1995 ? Ouvrons le point d'interrogation... Et considérons aussi la surcharge sociale que subit l'École, dans un surinvestissement que la société lui concède sur une multitude de questions. Il y a, je crois, dans la surcharge idéale et sociale de l'École sous l'effet même du développement de la propre masse du dispositif, une difficulté à maîtriser ce qui est le cœur de notre discussion : qu'est-ce que le territoire de l'École, dès lors que l'organisme lui-même a pris les dimensions que vous savez ?

M. Albertini Professeur, historien

J'ai ressenti le même accablement que Jean-Pierre Rioux à la lecture du libellé de cette table ronde. C'est une invitation à balayer pratiquement toute l'histoire de l'enseignement, en fait, et je m'en tiendrai à la IIIe République parce que c'est ce que je connais le mieux et aussi parce que je crois que c'est le plus significatif. Dans un premier temps, j'essaierai de voir les différents degrés d'enseignement et leurs liens avec les espaces. Dans un second temps, j'évoquerai brièvement pourquoi l'expérience scolaire au temps de la IIIe République ne peut pas être une expérience de l'enracinement local.

Si l'on passe en revue, degré par degré, les établissements scolaires au temps de la IIIe République, on commence naturellement et tout logiquement par le niveau communal puisqu'il y a au temps de la IIIe République un lien exceptionnellement fort entre la commune et cette École qui a souvent pris le nom d'École communale — de communale tout court. De fait, la IIIe République a revivifié la vie communale comme elle a revivifié la vie scolaire, d'un même mouvement et à peu près dans le même temps. Les lois scolaires de 1881 à 1882 sont en effet contemporaines des grandes lois municipales de 1882 et 1884. La reviviscence communale et la politique scolaire sont deux faces d'un même projet républicain. Les racines révolutionnaires des deux réalités sont trop connues pour que j'insiste là-dessus, c'est la Révolution française qui a fait des agglomérations rurales des communes et c'est la Révolution française qui a lancé, sans les réaliser, les premiers plans politiques d'instruction publique. De la même façon, ce sont les lois de 1882-1884 qui ont fait sortir de terre des milliers d'Écoles-mairies — je renvoie ici à l'article de Maurice Aghullon dans « les lieux de mémoire ». Ce lien très fort, entre l'École primaire et la vie communale, se vérifie à plusieurs niveaux : dans les utilisations de la maison de l'École, dans le rôle social de l'instituteur, dans l'importance locale des débats sur l'École et dans l'esprit de clocher. Le bâtiment de la maison de l'École, qui a été souvent refait ou rénové au temps de la IIIe République, est devenu un repère clef de la communauté villageoise. C'est évident, je crois qu'il n'est pas nécessaire d'insister là-dessus. Le rôle que l'instituteur joue dans la commune, en particulier dans la commune rurale, est également bien connu, rôle largement extra-scolaire de bibliothécaire, de secrétaire de mairie, de conseiller juridique, de scrutateur, de modernisateur. Les conflits communaux sont, assez souvent, des conflits autour de l'École mais ils ne sont cependant spectaculaires que dans les cas de communes partagées, il ne faut pas s'imaginer que la France entière était un pays de cloche merle. Il y a toutes les communes blanches où, par définition, l'École communale est reléguée, mise en quarantaine, toutes les communes bleues où il n'y a pas de difficultés et il n'y a que dans le cas de communes partagées qu'il y a conflit autour de l'École. Enfin, le patriotisme communal est de plus en plus souvent un patriotisme scolaire. Il s'attache à la beauté des bâtiments qui sont à la charge des municipalités et à la qualité, c'est bien connu, des résultats au certificat d'études qui sont appréciés au niveau du canton. Il y a ainsi des villages où, presque tout le monde étant reçu au certificat d'études tous les ans l'instituteur est apprécié comme le serait aujourd'hui un excellent entraîneur de football. De tout ce que je viens de dire, la littérature autobiographique porte témoignage. Les souvenirs d'École ont un rôle clef et on y voit ce lieu comme un lieu proche et familier en même temps, un lieu très différent du foyer aussi et bien souvent chez ceux qui ont estimé nécessaire d'écrire leurs souvenirs d'École, le lieu déterminant pour la suite, l'endroit où tout a basculé. La vérité oblige à dire que, dès la IIIe République, les problèmes sont beaucoup plus compliqués dans les Écoles urbaines. Les Écoles, le pluriel est révélateur, sont beaucoup moins centrales dans les communes urbaines que dans les communes rurales, pour la simple et bonne raison qu'il y a d'autres monuments en ville et qu'il y a d'autres lieux d'éducation populaire. L'École urbaine est aussi un lieu de difficultés pédagogiques spécifiques, je passe là-dessus mais cela commence à être mieux connu, parce qu'elle est confrontée à des problèmes de migration, de bandes urbaines — il y en a de très importantes à Paris par exemple au XIXe siècle. Bref, ce n'est pas le même univers stable, rassurant, que celui de l'École rurale.

Deuxième niveau, je passerai beaucoup plus vite, le cadre départemental. Le cadre départemental n'est important alors que pour l'enseignement secondaire et pour l'administration de l'enseignement primaire. Le lycée de chef-lieu est, au temps de la IIIe République, le sommet de l'équipement scolaire du département. Au maximum on compte, au temps de la IIIe République, vous le savez, un lycée par département — c'est une rareté attestée par le fait que les lycées n'ont pas de nom, on donne au lycée le nom de la ville et par le fait que certaines préfectures n'ont pas de lycée mais simplement un collège communal. Alors je passe rapidement là-dessus, il faut simplement savoir que ce système des lycées de la IIIe République est un système hiérarchisé (correspondant à la carrière des professeurs) — il y a en province des lycées de première classe, de deuxième classe et de troisième classe qui reprennent à peu près la hiérarchie urbaine et les lycées de première classe donnent le sommet de l'armature urbaine française traditionnelle c'est-à-dire une couronne périphérique, la plupart d'entre eux sont à moins d'une centaine de kilomètres de la mer ou des frontières. Ce lycée de la IIIe République, il n'est pas aussi central dans la ville que peut l'être l'École primaire dans la commune rurale, et il est porteur, assez curieusement tout au long de la IIIe République d'une image assez négative. Dans la littérature, l'image chez Giraudoux, chez Sartre, chez Pagnol, c'est l'image d'un lien un peu triste peuplée de fonctionnaires avec des pions aigris, des professeurs en début de carrière qui ne songent qu'à s'en aller, des élèves bourgeois et petits-bourgeois, bref, un univers un peu atone. Cela dit, il ne faut pas s'en tenir à cette image. Ces microsociétés enseignantes, (il y a dans les lycées de la IIIe République en général une vingtaine de professeurs), ne vivent pas complètement repliées sur elles-mêmes, et ces hommes et ces jeunes femmes, car il y a aussi des lycées de jeunes filles, ont pu animer la vie locale, ont pu jouer un rôle politique, intervenir dans des sociétés savantes, bref jouer un rôle culturel important.

Le cadre régional est hautement problématique pour la IIIe République car les régions n'existent pas et d'une certaine manière la République s'est construite contre les régions, elles n'existent pas en droit mais en fait il y a bien les ressorts des cours d'appel, il y a bien les académies. Il y a en fait ce qu'on pourrait bien appeler les ressorts de facultés et il y a une vie de faculté comme il y a d'ailleurs une vie de grand lycée de province, il y a bel et bien un réseau de grands lycées de province : le lycée du Parc à Lyon est un établissement qui joue au plan régional dès la fin de la IIIe République un rôle tout à fait éminent avec des professeurs illustres dont Jean Guitton, Joseph Hourd, Jean Lacroix, Victor-Henri Debidour. Ces types d'établissements ont pu avoir un rôle qu'on sous-estime généralement et qu'on commence à mieux estimer, il commence à paraître des monographies sur ces grands lycées de province qui donnent beaucoup à penser (cf. le lycée de Nantes). Pour les facultés, je passerai plus vite en évoquant seulement le fait qu'en France les facultés sont dans les villes à la différence de ce qui se passe dans les pays anglo-saxons ou en Allemagne où il y a des villes universitaires spécifiques, en France la faculté est dans la grande ville et imprime à la ville une vie particulière, une sensibilité particulière liée aux manifestations collectives, aux monômes, aux chahuts, aux heurts plus politiques aussi que l'on trouve pendant l'affaire Dreyfus ou sous l'Occupation. Un colloque récent montrait qu'à Besançon il y a eu des heurts assez violents entre francistes et étudiants dès les débuts de l'Occupation.

Une économie particulière concerne également ces villes, on s'en doute, avec la présence des logeurs, des libraires, des marchands de vins et aussi, il faut le rappeler, pour les débuts de la IIIe République, une importante économie du bâtiment car il y eut alors entre 1880 et 1900 la plus grande politique de constructions universitaires avant les années 1960.

Quant au dernier échelon, la Nation, les hommes de la IIIe République étaient très conscients du rôle tout à fait unique de Paris dans l'ensemble scolaire et culturel et on pensait que la Sorbonne et les Grandes Ecoles parisiennes étaient communément des creusets où les minerais les plus purs, les plus fins de la IIIe République venaient se fondre pour donner l'alliage de la francité absolue. Je passe mais, dans toutes la littérature d'anciens élèves on a ce genre de thèmes aussi bien pour l'École polytechnique que pour l'École normale supérieure. Voilà ce qu'on peut dire de ces différents niveaux.

J'aimerais maintenant voir, très rapidement, pourquoi, l'expérience scolaire ne peut pas être, dans la France de la IIIe République, une pure expérience de l'enracinement local. Je dirai, et je reprendrai ici les remarques que vient de faire Jean-Pierre Rioux, que l'idée nationale est présente à tous les échelons. Les objectifs et les contenus de l'enseignement français ont un caractère national, au sens fort et au sens français de ce terme, absolument manifeste. L'essentiel du processus de républicanisation et de francisation passe par l'École et l'École a pour tâche essentielle, de son côté, la francisation et la républicanisation. Pour l'apprentissage de la langue française, je crois que les choses sont bien connues et qu'il est inutile d'insister là-dessus. Pour l'apprentissage du territoire national, je crois aussi qu'on peut se dispenser d'en dire plus. Pour l'apprentissage de la langue je crois qu'il faut rappeler que l'École française de la IIIe République a assez clairement, en tous les cas dans les périphéries, un objectif de déracinement. Un objectif de déracinement c'est d'ailleurs la conception française de la Nation qui fait que l'École républicaine ne peut pas exalter le provincial ou le local. Il y a là tout l'héritage de la Révolution française dans la dévaluation du niveau local par rapport au national, la Nation révolutionnaire s'est construite contre les provinces royalistes ou fédéralistes. Il y a aussi sans doute l'idée d'une complétude de la Nation française, d'une Nation exceptionnellement ancienne et solide par rapport à l'ensemble des Nations de l'Europe. Se pose ici, bien sûr, quand on évoque le déracinement, la question des langues régionales et j'en terminerai par là : la langue française est investie d'une vertu modernisatrice. Les instituteurs considèrent que les patoisants, par exemple, sont victimes de leur situation et croupissent dans la routine et qu'enseigner le français, c'est les émanciper, on retrouve finalement ici les thèmes de l'abbé Grégoire et de Barère, le fédéralisme parle bas breton. Il est certain que beaucoup d'instituteurs ont employé la manière forte pour arriver à cet objectif d'émancipation par la langue. Mais les historiens spécialistes de cette question, et en particulier Mona Ozouf et Jean-François Chanet, ont bien montré qu'il ne fallait rien exagérer. D'abord l'École républicaine faisait place aux réalités locales et certains de ses maîtres s'appuyaient sur la langue locale pour enseigner le français, d'où l'importance d'ailleurs du recrutement local et populaire des instituteurs au temps de la IIIe République, la plupart des instituteurs connaissent les patois de leurs élèves. Deuxièmement parce que cette politique de déracinement n'oppose pas les instituteurs et les familles. Il y a une très forte demande sociale, comme on dit aujourd'hui, de français sous la IIIe République. Enfin parce que l'objectif ultime des instituteurs n'était pas de nuire aux cultures locales. Là je crois qu'on peut citer Mona Ozouf : « *Dans un pays hérissé de différences ethnographiques et linguistiques, l'activisme déployé pour arracher les hommes à leur culture, dénué d'hostilité, n'est senti par nos instituteurs que comme un moment indispensable mais destiné à être dépassé. Il ne s'agit que de hâter le jour où chacun pourra écouter en lui la voix de la raison et accéder à l'universalité.* »

M. Rioux

Merci pour ce rappel historique très installé sur la IIIe République et évidement très fondateur et assez matriciel pour tout cela. Cela corrobore quelques remarques que j'avais avancées et j'en suis, évidemment, très heureux. Je crois que nous allons peut-être territorialiser un peu plus le propos désormais en passant très largement du côté de la Bretagne avec Michel Denis qui a exercé, à Rennes, les plus hautes responsabilités universitaires et auquel je donne très volontiers la parole.

M. Denis Universitaire. Président de l'Institut d'Etudes politiques de Rennes

Je vous remercie. Si Monsieur Albertini a ciblé dans le temps son propos, j'ai effectivement l'intention de cibler le mien dans l'espace en vous livrant quelques réflexions sur l'École et le territoire en Bretagne.

Il me semble que la Bretagne constitue un champ d'observation particulièrement privilégié pour tenter de caractériser le rôle joué par l'éole au cœur de son territoire, champ d'observation privilégié pour deux raisons :

Première raison : Au cours de notre histoire contemporaine c'est sûrement la région française qui a connu la mutation la plus spectaculaire en matière de demande d'École. C'était l'une des régions les plus sous-scolarisées pendant tout le XIXe siècle, avec des départements tout à fait en queue de liste et notamment celui du Finistère, alors que c'est aujourd'hui, et maintenant depuis plusieurs décennies, l'une des régions qui se situe en tête du classement national, quasiment à jeu égal avec l'Ile de France si l'on tient compte de trois paramètres : le taux de scolarisation en dehors de l'obligation scolaire, le niveau de diplômes et la faiblesse d'échecs aux examens. Tout particulièrement la Basse Bretagne, c'est-à-dire grosso modo le Finistère qui était analphabète jusqu'à l'époque de Jules Ferry ou quasiment analphabète, qui était très marquée aussi par le dimorphisme sexuel vis-à-vis des filles, est aujourd'hui l'un des départements les plus scolarisés de France au-delà de l'âge de l'obligation scolaire.

La seconde raison pour laquelle cette région me semble mériter un instant d'attention, est que l'École y intègre, bon gré mal gré, deux autres héritages culturels face auxquels elle se situe soit pour les renier soit pour les marginaliser au cours du temps. L'héritage ou la langue, la langue bretonne ou le parler gallo pour la Haute Bretagne que, jusqu'à une époque récente, elle rejette et même combat et d'autre part la culture religieuse que l'École menace ou à tout le moins ignore à partir de Jules Ferry.

Pour ces deux raisons, l'École joue un rôle considérable en Bretagne avec me semble-t-il deux grandes étapes. Dans un premier temps, qui se situe jusqu'au milieu du XXe siècle, l'émancipation individuelle, qui est le but principal de l'École, me semble déstructurer le territoire traditionnel et c'est seulement dans un deuxième temps, beaucoup plus proche de nous, que l'individu, une fois émancipé, reconstruit un territoire ou, vous verrez le sens de la nuance que je propose, reconstruit des territoires.

Dans un premier temps, c'est l'émancipation individuelle qui est le but premier. Cette émancipation individuelle, cette émancipation de la personne déstructure d'abord et avant tout le territoire communal. Dans le cas de la Bretagne, je serai tenté de dire encore le territoire paroissial parce que c'est dans le cas de la paroisse que l'essentiel de la population a le sentiment de vivre et cela depuis des siècles, depuis qu'a triomphé ce qu'on a appelé récemment l'âge d'or des paroisses au XVIe et XVIIe siècle. Bien plus important que le sentiment d'appartenance à la Bretagne, c'est le sentiment d'appartenance à une paroisse qui prédomine dans la Bretagne d'Ancien Régime. Cet héritage là est encore bien vivant au XIXe. Bien sûr, l'École n'a pas que des effets négatifs sur son territoire à ses débuts. Je voudrais tout de même corriger cette image sévère que nous aurions tous tendance, si je m'associe à ce qui a été dit précédemment, tous tendance à développer peut-être un peu trop par le fait que l'École au XIXe siècle peut jouer un rôle innovant en matière de modernisation économique locale. Je pense notamment au rôle économique de l'École dans la première révolution agricole de la Bretagne, celle du XIXe siècle, promotion des techniques agricoles en Cornouaille par le biais des élèves qui ont fréquenté le liquès à Quimper : le liquès, École primaire spéciale fondée par le Préfet en 1838 avec un pensionnat, une chaire d'agriculture fondée en 1843 pour former les liquès. C'est le contraire des cloarec. Ce sont les laïcs, les liquès en Breton, par opposition aux clercs formés dans les séminaires. On pourrait citer les julos, fils d'agriculteurs relativement aisés du Léon, dans le nord Finistère, qui vont au cresquère de Saint-Paul de Léon ou à l'estevin jusqu'en classe de quatrième avant de revenir gérer la mairie de leur commune. Mais, plus que cet élément d'évolution économique, l'École me semble être d'abord le lien d'accumulation d'un capital culturel individuel. Il faut sans doute faire une distinction entre l'École congrégaliste, qu'elle soit l'École publique d'avant Jules Ferry ou l'École privée catholique après les lois sur la laïcité, distinction entre l'École congréganiste et l'École des instituteurs laïcs. L'École congréganiste est essentiellement préoccupée d'acculturation religieuse à tel point qu'on ne se présente pas au certificat d'études public en Bretagne avant la seconde guerre mondiale si on fréquente l'École privée. À côté de cette acculturation religieuse, il y a aussi apprentissage de la langue française, l'École congréganiste, notamment lorsqu'elle est tenue par les frères de Lamennais, les frères de Plouermel, la congrégation la plus importante dans les Écoles primaires en Bretagne, cette École congréganiste se livre à une acculturation linguistique des enfants, à la demande des parents semble-t-il, au moins autant qu'à l'initiative de la congrégation, pour accélérer l'entrée dans la vie civile, dans la vie publique, dans la vie citoyenne. Situation légèrement différente dans le cas des Écoles tenues par des instituteurs laïcs où les choses sont encore plus nettes parce qu'il y a davantage de volontarisme. Le cas de Plozévet est parfaitement connu aujourd'hui. L'École de Plozévet, largement étudiée il y a quelques décennies par les sciences sociales, vise à la fois à enrichir personnellement l'individu en le faisant accéder à l'esprit scientifique des Lumières en même temps qu'elle vise à lui fournir un métier et, comme dit André Bruyère, « *l'apport idéologique de l'enseignement est inséparable de sa valeur d'usage* ». Je pourrais, bien entendu, insister sur l'effort mené par cette École en faveur de la langue française. Je m'associe tout à fait à cette idée selon laquelle la lutte menée pour la langue française, qui est un combat très régulier, n'a pas forcément rencontré, bien loin de là, l'opposition des familles. Au contraire, le bilinguisme a même été pendant très longtemps quelque chose de parfaitement accepté, le breton permettant à chacun de se replier sur sa vie privée et d'exprimer des choses qu'on n'a pas envie de faire partager à tout le monde tandis que le français permettait de rentrer dans la vie collective. Le bilinguisme, a été d'autre part, pendant des décennies, perçu comme un élément très favorable à la poursuite des études dans la mesure où il révèlait de bonnes capacités d'adaptation à l'étude. Les Bas-Bretons, quand ils veulent, ils peuvent. Mais ce système qui conduit au diplôme, conduit en même temps à l'émigration. Il y a deux sortes d'émigration en Bretagne : l'émigration produit de la misère et du dépeuplement, est la première. Celle des journaliers agricoles, celles des catégories sociales pléthoriques et médiocrement payées mais ce n'est pas tellement à elle que je pense. Il y a une autre forme d'émigration, plus tardive, très importante : c'est l'émigration promotion qui a suivi et remplacée la première. Plozévet, toujours Plozévet, montre bien que l'École n'est pas seulement un moyen de reproduction locale des élites mais un moyen de bouleversements des rapports sociaux. Les petits agriculteurs de Plozévet, en particulier, poussent leurs enfants plus loin que les agriculteurs moyens en vue de les faire sortir de Plozévet. Plozévet est célèbre pour avoir donné à la République des cadres de haut niveau dans toutes sortes de milieux. Cette émigration-là donne une nouvelle conscience de ce qu'est le territoire : c'est le sentiment d'appartenance à la Nation France qui écrase très largement le sentiment d'appartenance à la paroisse qui, lui, était l'héritage historique (sentiment d'appartenance à la Nation France encore renforcé, bien évidement par le rôle du service militaire). Personnellement, je considère que cette francisation de la population bretonne, atteint en quelque sorte son paroxisme, son apogée, non pas dès les dernières décennies du XIXe siècle, comme le suggère le livre d'Eugène Weber sur la fin des terroirs, mais légèrement plus tard, dans les années vingt, époque de prospérité économique et momentanée bien évidement, époque dont on ne retient quelquefois, à propos de la Bretagne, que la phase négative, à savoir l'essor très minoritaire d'un certain autonomisme. Mais précisément s'il y a essor très minoritaire de ce courant autonomiste, c'est par réaction devant le mouvement massif et silencieux d'une acceptation d'appartenance à la Nation et par volonté massive de s'intégrer au cadre national, au territoire national. L'appartenance à la France l'emporte, à ce moment-là, sur tout autre sentiment d'appartenance. Cette première phase conduit donc à un déracinement des Bretons et à un déménagement du territoire, donc à des effets pervers sur le territoire alors qu'il y a des effets bénéfiques sur la personne.

C'est seulement le second vingtième siècle qui corrige cette situation, non par la recherche d'un compromis entre une situation d'Ancien Régime et l'œuvre de la IIIe République mais par une sorte de fuite en avant, par le souci de développer davantage d'Écoles, par un surcroît d'Écoles. Les Bretons, à partir des années 1950, instruits massivement par l'École, reconstruisent des territoires et des territoires emboîtés, des territoires gigognes en quelque sorte. Au lendemain de la Seconde Guerre mondiale, la Bretagne comme le reste de la France, est en proie à une crise de conscience : celle de la nécessité de la démocratisation de l'enseignement, la nécessité de l'explosion scolaire, non seulement compte tenu des effectifs démographiques mais aussi compte tenu des besoins de prolongation de l'enseignement en vue de former des cadres moyens et supérieurs. Or, l'essor de cette demande scolaire ramène le jeune instruit au cœur même des problèmes de territoire. Deux niveaux d'enseignement me semblent avoir, de ce point de vue, joué un rôle essentiel dans ce que l'on appelle parfois la révolution bretonne du second vingtième siècle. Il s'agit d'une part de l'enseignement général court et de l'enseignement technique et agricole et, d'autre part, de l'essor de l'enseignement supérieur.

L'enseignement général court et l'enseignement technique permettent l'émergence de cadres moyens qui ont joué un rôle énorme dans les décennies cinquante, soixante, soixante-dix de ce siècle, pour secouer la tutelle des notables. Pour la révolution agricole, on a très souvent, à juste titre, souligné le rôle majeur joué par les jeunes agriculteurs formés soit par les foyers ruraux ou les milieux dits laïcs soit et surtout les jeunes agriculteurs formés par la jeunesse agricole catholique, la J.A.C. Mais, si ces leaders ont pu mener la transformation de l'agriculture bretonne qu'ils ont réalisée, c'est qu'ils ont trouvé du répondant dans la masse des agriculteurs. Un répondant qui leur a permis de transformer le paysan en chef d'entreprise agricole et éventuellement en syndicaliste, parce que de très nombreux fils de paysans avaient poursuivi leurs études dans cet enseignement général court, les C.C. puis les C.E.G. De la même façon, les P.M.E., P.M.I. qui constituent l'essentiel du tissu industriel breton auront désormais des cadres qui ne sont plus seulement des héritiers mais des cadres qui ont reçu une formation scolaire, au niveau moyen. De la même façon, la classe ouvrière et le monde des employés, peu organisés avant la Seconde Guerre mondiale en Bretagne, trouvent désormais des guides naturels plus instruits. Ce sont ces jeunes gens là qui ont fait l'essor de la CFDT en Bretagne, arrivée à égalité avec la CGT à la différence de ce qui peut se passer ailleurs en France. Il y a donc désormais, et pour la première fois dans l'histoire, un peuple citoyen qui est capable d'être autre chose qu'un électeur libre, ce que rêvait de faire, depuis la Révolution française, la IIIe République et ce qu'elle avait désormais grosso modo réalisé. On a désormais un peuple citoyen qui peut répondre à ce que propose les élites issues de l'enseignement supérieur.

Là, c'est le second niveau qui me semble essentiel : l'essor de l'enseignement supérieur, avec sans doute le rôle à signaler de certains universitaires qui, à la différence de ce qui se passait avant la Seconde Guerre mondiale, s'insèrent véritablement dans leur région et insèrent leurs disciplines dans le cadre régional. C'est la géographie active, c'est l'économie appliquée, c'est l'histoire appliquée à la région. Je citerai seulement, puisque nous sommes au Sénat, le rôle historique que me semble avoir joué quelqu'un comme Henri Fréville, maire de Rennes à partir de 1953, parlementaire, sénateur, professeur d'histoire économique et institutionnelle à la Faculté des lettres. Mais il faut aussi prendre en compte, pour comprendre ce qui change dans le monde universitaire, la naissance du syndicalisme étudiant qui remplace le folklore des décennies antérieures, vers 1950 : la naissance de mouvements spécifiquement bretons, je pense par exemple à la jeunesse étudiante bretonne, puis le lancement, par des étudiants bretons de mouvements politiques, non séparatistes, je pense à l'Union Démocratique Bretonne, l'UDB. Ces grands changements interviennent dans l'Université, alors que l'Université avait une valeur plutôt nationale auparavant. Cette meilleure insertion dans le cadre régional conduit à la formation de cadres supérieurs nouveaux qui découvrent de nouveaux niveaux de territoires. Il me semble que ce sont ces cadres-là qui ont inventé, bien avant que les pouvoirs publics n'y pensent, deux niveaux essentiels pour la Bretagne : le niveau du pays et le niveau de la région bien avant la réforme de 1971.

Le niveau du pays, le niveau du terroir : peu importe que ce soit peut-être partiellement un mythe ; c'est en fait quelque chose qui correspond à une réelle pratique sociale. Ce sont les Bretons, instruits par cet enseignement supérieur conçu d'une nouvelle façon, qui sont à l'origine des comités microrégionaux de développement. Je prends un seul exemple : dans les Côtes du Nord, le comité d'expansion du Menez. Avant qu'il ne se forme en 1965 à l'initiative d'un sociologue, Paul Houët, personne n'aurait imaginé que le Menez puisse représenter un territoire méritant une organisation, une prise d'initiative collective. Ce comité d'expansion et tous ceux qui, à son initiative, se sont développés en Bretagne, mobilisent les nouvelles forces sociales locales, alors que les élites traditionnelles restaient encore attachées au cadre départemental et que monsieur René Pléven, par exemple, pensait plutôt à la mise en place d'un organisme d'expansion du département des Côtes du Nord dont il présidait le Conseil Général.

L'autre territoire, qui est en quelque sorte réinventé par ces nouvelles élites et par conséquent par l'École, c'est la région, alors que l'État, au niveau parisien, ne tient pas spécialement à son essor. Dans le cas de la Bretagne, il faudrait signaler, bien sûr, le rôle du CELIB, Comité d'Études et de Liaison des Intérêts Bretons, fondé en 1950 et présidé par René Pléven. Non pas tellement conçu comme groupe de pression, ce qu'il a été, de pression sur les gouvernements afin d'obtenir un certain nombre d'avantages concernant le désenclavement de la Bretagne notamment mais, ce qui me semble important dans le CELIB, c'est qu'il a été aussi le lieu d'élaboration de plans de développement de la Bretagne à partir des travaux d'experts, c'est-à-dire à partir des produits du monde universitaire, avec cette idée clef que le changement a besoin d'être dirigé et que c'est au produit de l'École d'assurer cette direction. L'École est le lieu qui prépare à assurer la transformation de la Bretagne. Conséquence majeure : l'École n'est plus seulement le lieu de l'émancipation personnelle, elle est devenue le lieu de renforcement de l'identité collective qui permettra à la collectivité d'accéder au contrôle de son changement. L'École primaire est essentielle pour la commune, pas seulement à cause des solidarités induites mais parce qu'elle solidarise les habitants. L'établissement secondaire, collège ou lycée, est essentiel aujourd'hui, non seulement pour la commodité de la famille mais parce que de là naissent des solidarités de collège, des solidarités de lycée et toute une vie associative et tout un désir de retour après les études supérieures dans le lieu où l'on a passé son adolescence. L'établissement d'enseignement supérieur est, aujourd'hui, souhaité par toutes les villes bretonnes, pas seulement pour économiser le prix d'une chambre, ce qui certainement joue un rôle, mais surtout, me semble-t-il, pour tout ce que l'établissement supérieur entraîne. Il suffit de comparer la chance qu'à eue Brest, par rapport à Quimper, d'avoir l'idée de réclamer une université dans les années soixante pour mieux comprendre ce qui a été la volonté de la Bretagne sud d'obtenir l'université qui vient de lui être accordée.

Du même coup, tous les niveaux du territoire se trouvent revalorisés y compris, par dessus le niveau national, le niveau européen, grâce aux échanges scolaires. En Bretagne, on revient ainsi à cette émulation qui, au XVIe et au XVIIe siècle, s'était limitée à une émulation entre paroisses pour savoir qui aurait le plus beau clocher. C'est aujourd'hui l'émulation pour savoir qui aura le collège, qui aura le lycée le plus performant comme équipement, bien sûr, mais surtout comme lieu de formation intellectuelle et comme lieu de formation aux futures élites. De sorte que, ma conclusion serait celle-ci, provisoirement en tous cas : peu d'Écoles détourne l'individu de son territoire, de son territoire local, et l'ouvre sur un territoire plus vaste, la France ; mais davantage d'Écoles ouvrent l'individu sur tous les niveaux territoriaux et fait de lui un acteur possible de l'aménagement équilibré.

M. Rioux

Merci à Michel Denis qui nous a, je dirais, fort bien vendu sa Bretagne et sa vocation de modèle peut-être. Une des premières questions qui sort de l'exposé si remarquable de Michel Denis, est : en quoi est-ce exemplaire, généralisable ? Quelles autres modalités régionales ou variables régionales contraires pourrait-on avancer ou non ?

Je donne sans délais la parole à Luc Ferry dont le propos sera, j'imagine, peut-être moins territorialisé et beaucoup plus inspiré de tout ce qu'il fait, de tout ce dont il a la charge, au Conseil National des Programmes.

Luc Ferry, vous avez la parole.

M. Ferry Philosophe,
Président du Conseil national des programmes

Merci beaucoup.

En effet, vous me déculpabilisez d'avoir si bien parlé de la Bretagne parce que je m'apprête, étant donné mon sujet, à me situer plutôt au niveau national.

Je vais vous parler d'une question qui, d'ailleurs, a été fort bien posée par Alain Bouchez, non seulement ce matin mais dans son « **Livre blanc sur les collèges** », une question simple à formuler mais difficile à résoudre : sommes-nous encore capables aujourd'hui de définir quelque chose comme **un socle commun de connaissances, de compétences, de savoir-faire,** à transmettre aux enfants à la fin de la scolarité obligatoire donc, en gros, à la fin du collège ? Sommes-nous capables de définir ainsi un territoire qui est davantage intellectuel, davantage idéal que le territoire dont nous avons parlé à présent — encore que les intervenants précédents aient aussi évoqué cette question du territoire intellectuel et qui, d'une certaine façon, se rapproche de l'idée de Nation, de l'idée française de Nation, comme le disait tout à l'heure mon collègue Albertini ?

Le sentiment que nous avons, même s'il est peut-être lié à une illusion rétrospective, c'est que, sous la IIIe République, à l'époque de Jules Ferry, on avait la possibilité de définir des programmes accordés à une vision du projet éducatif nationale et républicaine, avec des slogans relativement simples et une visibilité assez grande. « Lire, écrire, compter », par exemple, qui reste au demeurant un objectif encore majeur de la scolarité obligatoire et, comme vous le savez, un objectif qui est loin d'être parfaitement atteint. On peut avoir le sentiment, quand on est confronté à cette question (et on y est confronté d'évidence si l'on réfléchit sur les programmes et sur la façon dont les programmes scolaires définissent le paysage — j'emploie volontiers le terme de paysage qui renvoie à nouveau au territoire — un paysage intellectuel, un paysage culturel), que ces slogans simples qui définissaient l'essentiel de la mission de l'École au cœur de la République ne sont plus aujourd'hui aisément réactualisables. En clair, que nous n'avons plus de projet éducatif simple et lisible par tous au sens non pas simplement pédagogique, mais d'une définition d'un paysage culturel ou comme le disait très bien Alain Bouchez, « d'un socle commun de compétences et de connaissances » qui soient aujourd'hui véritablement visibles et qui soient notamment visibles à l'intérieur des programmes.

Ce qui est très frappant, lorsqu'on regarde la version des programmes — il ne s'agit pas de la critiquer ici sur un plan platement politique — du collège de 1985, si l'on a un peu en tête cette idée de socle commun, de projet républicain définissant encore une fois un territoire intellectuel pour tous les enfants, le fait que les programmes de 1985 constituent en vérité une espèce de mosaïque disciplinaire, qu'ils sont définis discipline par discipline. On constate également une autre hétérogénéité, une autre diversité dans cette présentation, c'est que la notion de programme même n'est pas très bien définie. C'est-à-dire qu'on y mélange des objectifs généraux avec des énoncés d'items et des considérations qui touchent la didactique des disciplines, considérations certes intéressantes mais qui, à la limite, n'ont pas directement à voir avec cette énumération d'items. On trouve également des considérations proprement pédagogiques, méthodologiques, sans que la notion de programme soit véritablement identifiée comme telle, c'est-à-dire comme définissant justement un projet éducatif au sens républicain du terme, en un mot un socle commun de compétences, de connaissances, de savoir-faire, dont on devrait s'assurer qu'il est véritablement transmis à tous les enfants en fin de scolarité obligatoire.

On voit quel serait l'avantage d'un tel socle commun si nous pouvions le définir ensemble, c'est-à-dire tous les citoyens, tous ceux qui s'intéressent, aux questions que nous évoquons aujourd'hui, aux questions qui touchent l'éducation des enfants. Si nous pouvions définir un tel socle commun et peut-être aujourd'hui le rendre si visible qu'il l'était apparemment au temps de la IIIe République, aussi lisible j'allais dire par la société. Cela aurait, je crois, de nombreux avantages. J'en indique trois simplement pour aller vite.

Premier avantage : nous sommes confrontés, notamment au collège, à un problème très classique mais extrêmement difficile à surmonter, le problème de l'hétérogénéité des niveaux. C'est une banalité de le dire mais c'est intéressant de constater que cette question de l'hétérogénéité des classes est immédiatement liée à la question du socle commun. Si nous pouvions définir un socle commun, et si nous pouvions nous assurer à la fois de sa définition et de sa transmission, il est clair que nous pourrions penser la diversité des parcours de façon plus libre, de façon, dirai-je, moins coupable dans la mesure où nous serions certains de la base de notre enseignement, de notre système éducatif.

Second avantage d'un point de vue démocratique : il serait tout de même souhaitable qu'il puisse y avoir un débat public sur les programmes parce que les programmes ne sont pas seulement des directives pour les enseignements mais aussi, qu'on le veuille ou non, un paysage culturel qui, me semble-t-il, devrait faire l'objet d'un débat public dans un pays démocratique. À cet égard, l'idée d'ouvrir au Parlement une réflexion sur les programmes est, ne fût-ce que symboliquement, excellente.

Le troisième avantage que l'on aurait, au lieu d'une mosaïque de disciplines parcellisées, la possibilité de réfléchir à ce que j'appelais tout à l'heure un paysage culturel c'est-à-dire un projet éducatif. Je ne prends pas, ici, le pli de l'idéologie pédagogique, mais je parle véritablement en termes de contenus transmis. On pourrait se mettre d'accord sur la visibilité de ce paysage culturel et sur sa légitimité. A-t-on bien choisi ? Est-ce bien cela qu'il faut faire ? Est-on certain qu'il faut enseigner telle ou telle discipline à tel moment plutôt qu'à tel autre ? Après tout, on vient de prendre, cette année en France, une décision très importante même si elle est difficile à mettre en œuvre : je pense au choix fait par **François Bayrou** d'enseigner les langues vivantes étrangères à l'École primaire dès le cours élémentaire 1. C'est un choix politique au bon sens du terme, c'est un choix majeur qui engage la représentation du paysage culturel, du type de connaissances que nous voulons transmettre à nos enfants. C'est une orientation qui mériterait plus de débats et plus de visibilité dans un pays démocratique.

Alors je voudrais faire quelques remarques sur l'état d'avancement de ce projet puisque nous avons été saisis par le Ministre, au Conseil National des Programmes, de cette question. Elle est d'autant plus d'actualité que, comme vous le savez, la Direction des Lycées et Collèges conduit cette année un travail de refonte des programmes du collège. La difficulté à laquelle nous nous sommes heurtés, est la suivante : chaque fois que j'ai eu l'occasion de tenir publiquement le discours que je vous tiens maintenant, c'est-à-dire de légitimer ou d'essayer de légitimer cette notion de socle commun, je n'ai rencontré que des assentiments. Chaque fois on a dit, mais c'est vraiment une très bonne idée, c'est excellent. La tradition républicaine est très forte en France, et de nombreux enseignants sont séduits par cette idée parce qu'ils n'ont justement pas l'impression, lorsqu'ils enseignent au collège en particulier, d'être véritablement insérés dans un projet sensé, dans un projet éducatif d'ensemble. Songez simplement que la plupart des enseignants ignorent le programme des disciplines de leurs voisins. J'ai donc rencontré un large assentiment sur cette question du socle commun mais, dès qu'on entre dans le contenu de ce socle commun — et je suis sûr que vous êtes déjà, dans vos têtes, en train d'y réfléchir — vous voyez bien que c'est extrêmement difficile à concevoir. Cela ne peut pas être, aujourd'hui, simplement un slogan simple du type « lire, écrire, compter », ce qui ne serait pas si mal mais insuffisant. Cela ne peut pas être non plus une énumération encyclopédique d'items à traiter. Imaginez, par exemple, en histoire ou en lettres, quels sont les dix romans ou quelles sont les dix œuvres littéraires, quels sont les dix dates ou les lieux de mémoire que nous aimerions voir transmis. On s'aperçoit immédiatement qu'il n'est pas d'œuvre qui ne soit contestable, qu'il n'est pas de lieu de mémoire qui s'impose à l'exclusion des autres et qu'il est très difficile d'imaginer un socle commun qui soit définit en ces termes parce que chaque discipline particulière, chaque sensibilité idéologique ou politique particulière privilégie des lieux de mémoire différents ou perçoit des éléments de ce socle commun, des « fondamentaux » de façon tout à fait différente. Je suis certain que si on essayait l'exercice dans cette salle, on aurait les mêmes résultats qu'au Conseil National des Programmes c'est-à-dire qu'on s'apercevrait, avec beaucoup de surprise d'ailleurs, que c'est pratiquement une tâche impossible que de définir un socle commun en termes encyclopédiques.

Je voudrais simplement vous indiquer les principes sur lesquels nous pensons qu'il serait possible de parvenir à un résultat dans la recherche de ce fameux socle commun. Deux séries de principes que je livre à la discussion.

Une première série de principes qui portent sur la conception même des programmes. Nous avons retenu quatre principes de base pour l'élaboration de ces programmes, dans l'optique d'un socle commun. Premièrement, il faut hiérarchiser les contenus à transmettre, un petit peu, pardonnez-moi la trivialité de l'exemple, sur le mode de ce fameux jeu de la NASA : un vaisseau est perdu sur la lune et les astronautes doivent hiérarchiser par ordre d'importance les objets qui leur restent. La boîte d'allumettes est-elle importante ou non ? Il paraît que non car elles s'allument difficilement sur la lune ! Si on veut penser en termes de socle commun, il faut arriver à se mettre d'accord sur les fondamentaux et, de point de vue, il reste un gros travail à faire y compris dans la présentation des programmes.

Le deuxième point qui nous paraît important, c'est l'allègement des programmes. Alléger ce n'est pas du tout aller dans le sens d'une baisse de niveau, ce qui est un procès absurde, mais c'est enseigner moins pour enseigner mieux.

Il faut aussi harmoniser les programmes. On a une difficulté considérable à y parvenir pour des raisons d'ailleurs souvent légitimes. Les historiens qui sont à la tribune ne me contrediront pas. Il est fort difficile d'harmoniser les programmes d'histoire et de géographie. Cela paraît simple pourtant, mais nos collègues géographes nous affirment, avec de solides arguments, que c'est une fausse bonne idée. On se heurte à une séries d'objections, dans le détail desquelles je ne vais pas entrer maintenant. Ce qui est sûr c'est qu'il y a un lieu, au moins, où ces programmes doivent s'harmoniser quoiqu'il arrive, c'est dans la tête de l'enfant ! Si l'on pense uniquement en termes de logique épistémologique des disciplines on aura quand même du mal à y parvenir.

Le dernier principe qui nous paraît souhaitable est un principe politique au sens large, c'est la clarification des programmes. Si l'on veut avoir un débat entre citoyens responsables, sur le choix des contenus d'enseignement, sur les missions de l'École, il faut que ces choix soient lisibles, visibles, que les parents d'élèves, en tous cas le plus grand nombre d'entre eux, puissent lire les programmes : cela est parfaitement faisable. Comme nous y invite d'ailleurs François Bayrou, il est tout à fait concevable, au collège, que, pour l'essentiel, ces programmes soient lisibles et présentés de façon relativement brève.

Un dernier point et je conclus. Nous avons également repris et c'est d'ailleurs un thème tout à fait passionnant intellectuellement et sur le terrain, l'idée chère à Alain Bouchez de « *champs disciplinaires* ». Je crois bien sûr qu'il ne faut pas aller contre la logique des disciplines. C'est un des bienfaits du système français de penser en terme de discipline sur le plan épistémologique. Mais sur le plan pédagogique, en revanche, je crois qu'on aurait intérêt à penser en terme de champs ou de pôles disciplinaires c'est-à-dire essayer de réfléchir, justement dans l'optique de l'harmonisation des programmes, à ce que pourraient être des grandes familles disciplinaires qui travailleraient ensemble. Il conviendrait d'indiquer explicitement dans les programmes les liens qu'entretiennent les disciplines entre elles à l'intérieur de ces familles. Je parlais tout à l'heure de l'histoire et de la géographie mais pourquoi pas, par exemple l'histoire et l'histoire littéraire, l'histoire de l'art, l'histoire des sciences... Pourquoi pas également un pôle de disciplines liées par la méthode expérimentale ?

Nous sommes parvenus, je l'indique simplement pour conclure, à trois familles disciplinaires, qui définiraient ou qui permettraient de définir ce socle commun :

— une famille ou un pôle de « l'expression », qui comprendrait le français comme langue, comme instrument si l'on veut accepter cette distinction, plus que comme histoire littéraire, les mathématiques comme langage, pour autant qu'elles sont un langage, la pratique des arts, les langues vivantes... ;

— un pôle de « connaissance de l'homme » par analogie avec l'idée classique des « humanités », mais aussi avec les « sciences de l'homme », qui comprendrait l'histoire, une grande part de la géographie, la littérature, l'histoire des arts, les langues en tant qu'elles appartiennent à des civilisations étrangères ;

— un pôle « connaissance du monde » qui serait pour l'essentiel un pôle scientifique avec à la fois la physique, la chimie, la biologie, les mathématiques, la technologie, la géographie à nouveau...

À côté de cela, deux disciplines transversales qui traversent tous ces pôles : l'EPS et l'éducation civique. Pourquoi traversent-elles tous ces pôles ? Si l'on considère l'éducation civique, on peut aussi bien faire passer de l'instruction civique dans un cours de géographie que dans un cours d'EPS, dans un cours de français ou d'histoire. Même si le professeur d'histoire, évidemment, a un rôle prépondérant, il est clair que l'instruction civique est la responsabilité de tous et que c'est tout à fait légitime qu'il en soit ainsi. Quant à l'EPS, il est clair qu'elle participe de l'expression tout autant que de la connaissance de soi ou du monde.

Vous voyez peut-être un peu mieux maintenant dans quelle optique nous réfléchissons. C'est à cette condition, si nous parvenons à nous mettre d'accord sur un socle commun entendu en ce sens, que l'École pourra véritablement se retrouver au cœur du territoire, c'est-à-dire au cœur de la République.

Merci de votre attention.

(Applaudissements)

M. Rioux

Merci à Luc Ferry pour cette analyse républicaine et, rassurez-vous, je ne vais tirer ni conclusion ni synthèse de tout ce qui vient d'être dit.

On pourrait résumer en montrant la persistance avec laquelle l'institution elle-même a su répondre aux provocations, aux nouveautés et tenter de définir ces nouveaux territoires jusqu'à ce socle commun que Luc Ferry vient de nous présenter et dont il admet que la lisibilité sociale va passer par un débat strictement républicain ou démocratique à travers la représentation parlementaire. Il y a là, je crois, une réflexion très importante. On pourrait faire une remarque un peu inverse à Michel Denis : en quoi l'institution scolaire a-t-elle joué vraiment son rôle dans cet extraordinaire parcours exemplaire de la Bretagne jusqu'à arriver à la solution que vous avez dite du « davantage d'Écoles » qui ramène à un territoire revisité, remodelé, repensé ? Y a-t-il eu, en Bretagne, notamment pour la mise en œuvre de cet enseignement général court, vraiment conscience de l'enjeu, des moyens mis à disposition, des hommes qualifiés pour le faire etc. ? Ce serait tout un débat. Je pense qu'on pourra reprendre la question à travers les autres points abordés dans la suite du colloque.

DEUXIÈME AXE DE RÉFLEXION

M. Bouchez

Avant de laisser la place à Jean-Pierre Letourneux, universitaire, chef de la MAFPEN de Nantes qui va animer ce deuxième axe de travail, je voudrais vous rappeler que nous cesserons impérativement les travaux de la matinée à 12 h 50 pour les reprendre à 14 h 30. Merci.

M. Letourneux Universitaire, chef de la MAFPEN de Nantes

Je crois que la tâche de l'animateur, compte tenu des horaires, va être un peu difficile. Je voudrais, pour commencer, situer nos échanges.

Dans le premier axe, on s'est intéressé finalement au : « **Pourquoi l'École joue-t-elle aujourd'hui un rôle aussi important et, finalement, quels sont les fondements philosophiques et historiques qui ont fait qu'elle a joué ce rôle et quels sont ces liens entre l'École et l'état, l'École et la Nation, l'École et le territoire ?** » On en a vu, au travers des interventions, la complexité, parfois la complémentarité, mais aussi un certain nombre de tensions.

Le deuxième axe va essentiellement se centrer autour du : **« Comment peut-elle et comment doit-elle, aujourd'hui, remplir cette mission d'éducation, c'est-à-dire d'appropriation, de construction de**

repères, de valeurs communes pour vivre ensemble ? » Je crois que cette notion de vivre ensemble est tout à fait fondamentale parce qu'il ne s'agit pas simplement de coexister, de cohabiter les uns avec les autres, mais bien de construire et de vivre ensemble. Pour situer un des points de la toile de fond du débat qui va nous occuper autour de ce deuxième axe, il faut bien mesurer un changement important qui est que, pour l'École, la déconcentration de son organisation et de ses prises de décision n'est pas une nouveauté puisque la déconcentration existe depuis le décret impérial de 1808. Mais l'élément fondamental, aujourd'hui, est la décentralisation. Le problème de la déconcentration est, en fait, que la légitimité vient d'en haut, vient du centre et qu'elle nie, d'une certaine façon, sinon le territoire tout au moins les terroirs, alors que la décentralisation tire sa légitimité du terroir, du local. Nous sommes vraiment dans une situation où il va être important de pouvoir voir comment, aujourd'hui, dans ce changement, l'École peut et doit tenir ce rôle qu'elle a joué jusqu'à présent.

Pour nous aider dans cette réflexion, il y a autour de la table sept témoins qui, par leurs expériences, pourront nous dire comment, là où ils sont, ils sont susceptibles de mettre en place l'interrogation : **« Comment l'École joue-t-elle son rôle aujourd'hui ? »** Et puis, il y a une huitième personne, Emmanuel Todd, qui est un observateur attentif de la société française et qui permettra de resituer ces témoignages dans des évolutions, dans les mutations qu'il observe dans la société française. C'est à lui qu'il reviendra de faire deux synthèses, organisées en deux temps, au cours de cette deuxième partie de matinée :

Un premier temps concerne les personnes qui sont issues du cœur de l'École ou de sa périphérie immédiate. Ce choix n'est pas simplement un choix de facilité. C'est un choix de fond parce qu'il faut prendre au sérieux ce que nous dit Hannah Arendt à savoir que « l'École n'est pas le monde mais l'École est un lieu d'introduction au monde ». Je crois qu'il est tout à fait important de ne pas considérer dans un grand tout l'École et le monde.

Pour cette première série de quatre témoignages, il y aura monsieur Billet qui est vice-président de l'Union Nationale des Associations Familiales. Il dira quelles sont les attentes des familles mais aussi les tensions qui peuvent exister entre École et familles puisqu'au fond l'École et la famille se partagent le domaine de l'éducation. Après ce premier témoignage, monsieur Ghoul, qui est aujourd'hui ingénieur au Rectorat de Nancy, nous dira comment, hier usager de l'École, venu d'autres territoires, d'un autre continent, elle a eu un rôle dans sa vie. Ensuite nous entrerons dans le cœur même de l'École aujourd'hui avec monsieur Grandame, qui est principal en Z.E.P. à Valenciennes et qui nous dira comment l'École joue un rôle dans l'appropriation, l'acculturation des élèves dans sa Z.E.P. Enfin, pour cette première série de témoignages, madame Casanova, qui anime le secteur Hachette-pédagogie, nous dira pourquoi un éditeur vise à accompagner l'évolution des métiers de l'enseignement pour que l'École reste fidèle à sa mission. Je passerai alors la parole à Emmanuel Todd pour faire une première synthèse.

Ensuite, nous arriverons à une deuxième série de témoignages qui ne sont plus issus de l'École ou de son environnement immédiat mais de la société dans son ensemble ou plutôt de personnes qui sont impliquées directement dans le « vivre ensemble ». Ce « vivre ensemble », et là je citerai encore Hannah Arendt, de mémoire, sur la crise qui est la disparition d'une partie du monde commun. Ces trois témoignages : ce sera celui de madame Bui-Trong qui est commissaire de police et qui nous dira, au plus près du terrain, comment elle observe les liaisons qui peuvent exister entre la violence dans la ville et la violence à l'École : quelle interaction, quelle relation ? Monsieur Grasser ensuite, qui est adjoint au maire d'Épinal, nous dira comment les choses s'inversent puisqu'il y a bien longtemps, depuis le début de XIXe siècle, que l'État sollicite la commune en matière d'éducation. Mais, aujourd'hui, n'est-on pas dans une situation inverse où c'est la commune qui prend un certain nombre d'initiatives et d'initiatives qui ne sont pas simplement un partage entre ce qui serait du matériel, et qui serait du ressort de la commune, et ce qui serait du spirituel ou du contenu, et qui serait plutôt du ressort de l'État — en fait, au niveau de la commune, une trace de cette apparition du contexte de la décentralisation et de la légitimité de la proximité — ?

Nous aborderons ensuite le troisième témoignage avec monsieur Beaulieu, vice-président de la région Poitou-Charente, qui représente le Président Rafarin. Il nous dira le rôle que joue la région, dans le paysage de l'École d'aujourd'hui et de sa place dans le territoire, cette fois au sens géographique du terme que l'éducation connaît bien puisque c'est dès 1808 que l'académie, par le décret impérial, devient la base même de l'organisation du système français. Voilà, si vous voulez, présentés à la fois les sept témoins et l'organisation du débat. À la suite de ces trois interventions, Emmanuel Todd sera amené à conclure.

Sans plus attendre, je vais passer la parole à Monsieur Billet vice-président de l'Union départementale des associations familiales.

M. Billet Universitaire, vice-président de l'Union Nationale des Associations Familiales

Merci Monsieur le Président.

Les familles, que je représente ici, sont directement

concernées par le rôle et la place de l'École dans la vie collective, que ce soit dans les quartiers ou dans les zones rurales. La mission de l'École est finalement de permettre à chaque enfant, quel que soit son origine géographique ou sociale, d'accéder à la vie professionnelle. Aussi la préoccupation des familles rejoint souvent, à l'heure actuelle, celle des élus, en particulier face aux problèmes que posent la gestion des territoires ruraux, les fractures sociales qui touchent certains quartiers, mais aussi les problèmes liés à l'échec scolaire qui marquent souvent leur histoire. Par leurs associations, ces familles se mobilisent alors pour informer, aider et participer à l'élaboration de projets éducatifs. Pour aller très vite, je limiterai mon propos à trois axes de réflexion qui sont souvent développés par nos composantes, dans le cadre du thème qui nous est proposé. Trois axes de réflexion, c'est peut-être peu et peut-être un peu schématique mais vous excuserez la rapidité de cette démarche.

Que souhaitent les familles, que demandent-elles ?

Tout d'abord une École ouverte sur la vie, l'apprentissage et la citoyenneté. On a déjà abordé ce thème ce matin. Une École qui les associe à l'élaboration du suivi et à l'aboutissement d'un projet professionnel qui est celui de l'enfant. Troisièmement, une École qui est le support d'une organisation du territoire donnant à tout enfant sa chance dans quelque milieu de vie que ce soit. Ce sont vraiment les trois points que l'on retrouve dans tous les débats que nous avons au sein de l'UNAF.

Premier point : une École ouverte sur la vie et l'apprentissage de la citoyenneté. L'École doit faire sa place et je dirais toute sa place à la famille. Le rôle des associations familiales est, en ce sens, différent de celui des associations de parents d'élèves par une vision globalisée des problèmes entre les cycles d'études, entre les cycles d'études et la vie, les enfants d'une même famille étant souvent inscrits dans plusieurs cycles d'études ou établissements différents. Différent aussi par une approche cohérente des problèmes car les associations familiales appartiennent à des réseaux départementaux et nationaux. Elles vivent donc les diverses situations qui caractérisent la société française. Or, je dois l'attester, y compris dans mon département, elles ont beaucoup de difficultés à se faire reconnaître comme partenaires actifs par les inspections académiques ou les rectorats. Il ne s'agit pas d'être en concurrence mais d'apporter un éclairage autre au problème du vécu des familles et de leur relation avec le système éducatif. De même, si l'École est un des lieux où s'effectue l'intégration sociale, elle doit sortir de ses murs tout comme la société doit entrer dans l'École, être présente à l'École. Les parents par exemple devraient pouvoir apporter leur expérience professionnelle, participer à l'élaboration des projets professionnels des enfants. Leur expérience sert alors de révélateur mais je crois aussi qu'elle peut s'inscrire dans une démarche de témoignage et de vécu pour mieux resituer les professions manuelles dans les choix offerts aux jeunes et démystifier ainsi la prépondérance des enseignements généraux.

L'École n'est pas, d'autre part, un monde coupé de la vie collective. Elle est lieu de vie et de rencontre sociale. La bibliothèque est, par exemple, un point où jeunes, moins jeunes, plus âgés doivent se retrouver. Elle est lieu d'accueil pour la totalité des jeunes, centre aéré ou activité de centres associatifs. Elle peut être lieu public de réunion ou d'association. Cette ouverture se produit de plus en plus à la grande satisfaction des familles. Enfin, l'insertion de l'École dans des réseaux plus larges est parfois nécessaire en particulier pour rompre les isolements sociaux ou culturels. Nous en avons de très nombreux exemples à travers les échanges, les déplacements, l'utilisation des médias en interactivité parce que la France est vaste et les espaces extrêmement différents. À travers l'École, finalement, se rejoindraient les temps éducatifs et les temps collectifs ou familiaux. Cela permettrait de mieux assumer le rôle que joue l'École dans l'apprentissage de la citoyenneté par l'exemple et par la réflexion. On a évoqué tout à l'heure l'instruction civique. C'est un point auquel nous sommes très attachés, et il est vrai que l'instruction prend toute sa signification dans la mesure où elle apprend les valeurs, les devoirs et les droits de chaque citoyen, c'est-à-dire dans la mesure où elle est éducation à la responsabilité. L'École et la famille se retrouvent, là encore, dans cette mission d'éducation civique.

Je crois que les expériences qui sont conduites dans les Z.E.P. pourraient être largement développées et généralisées à travers l'ensemble du système éducatif.

Deuxième point : les familles partenaires d'élaboration d'un projet professionnel et du suivi pédagogique de chaque enfant. La lutte contre l'échec ne peut aboutir que si chaque enfant se sent responsable de son avenir professionnel et du choix qui est le sien. Cela suppose une collaboration étroite entre l'École, la famille et l'entreprise. C'est à travers cette rencontre que s'élabore, se confirme, aboutit, un projet de formation. Pour cela, si l'apport du maître est fondamental, celui de la famille, et j'associe parents, grands-parents, fratrie, est tout aussi nécessaire car c'est la famille qui soutient, la famille qui est point de repère, de réconfort, pour éviter les découragements et les marginalisations. Étant actrice, elle est aussi plus responsable pour mieux comprendre les besoins et les aspirations des enfants, pour mieux soutenir leurs ambitions ou accepter leurs choix car ils sont adaptés à des possibilités. L'entreprise est le dernier volet du triptyque qui permet à l'enfant de se situer par rapport à un travail ou par rapport à l'insertion économique, gage d'une insertion sociale. Souvent d'ailleurs les parents, dans leur vie active, peuvent être des intermédiaires utiles. Ce souci, nous l'avons particulièrement dans notre région, la région Rhône-Alpes, à travers la mise en place, par le Conseil régional, d'un plan d'orientation professionnelle auquel souvent, à l'échelon local, les familles sont associées. Tout doit être fait pour que les familles participent étroitement à cette mission partenariale, y compris pour faciliter leur présence auprès des enfants. C'est le cas par exemple de l'apprentissage : on s'est rendu compte que, lorsqu'un enfant est chez un maître relativement éloigné, des familles font tous les jours trente ou quarante kilomètres pour le mener dans le centre d'apprentissage et qu'il y a cette démarche logique de la famille et du maître, qu'il soit en apprentissage ou qu'il soit dans une École, d'accompagnement de l'enfant. Souvent, à l'heure actuelle, les familles ont peu les moyens d'assumer cette fonction. Je m'en suis ouvert, en particulier dans mon département. Ce ne serait pas une somme gigantesque que de pouvoir aider le père, en particulier à aller de temps en temps voir le maître d'apprentissage. C'est aussi, je crois, la manière d'insérer la formation dans l'enjeu actuel c'est-à-dire la politique de reconquête des territoires qui est voulue par les pouvoirs publics.

Troisième point : l'École moteur d'une organisation des territoires donnant à chaque enfant sa chance et facilitant la vie et le maintien des familles dans ces territoires. Les familles sont, en effet, un élément clef de la réorganisation et de la revitalisation des territoires. Cette revitalisation n'existerait pas s'il n'y avait pas de ressources humaines. Or, la famille est d'abord créatrice de ces ressources humaines. La loi d'orientation d'aménagement et de développement du territoire du 4 février dernier en donne d'ailleurs un cadre en préconisant une structuration du territoire national en pays ou bassins de vie, c'est-à-dire en lieux d'élaboration, de suivi et de réalisation volontariste d'un projet de développement collectif associant tous les partenaires locaux, élus, représentants des services de l'État et du monde socio-économique et associatif. La place de l'École est fondamentale. Les familles en sont persuadées pour de multiples raisons que ce soit en zone rurale, en particulier dans les zones marginalisées, ou bien dans les quartiers urbains en difficulté. Les raisons qu'on peut évoquer sont multiples. Tout d'abord la présence de l'École, la présence d'un système éducatif fort, permet seul le maintien ou l'implantation des familles, plus particulièrement des jeunes familles, ou bien évite le départ des jeunes. Des expériences réussies, en particulier dans la région Rhône-Alpes, ont montré que pour qu'un développement local aboutisse, il est nécessaire que les familles qui s'installent disposent de services indispensables. L'École est un des plus fondamentaux d'entre eux, l'École primaire mais aussi collège, lycée dans une aire rapprochée voire des concentrations universitaires. École ouverte et prise dans un réseau y compris européen car c'est l'Europe de la formation qu'il faut préparer. La présence de l'École permet des choix de vie différents pour les familles et plus conformes, désormais, à leurs aspirations, c'est-à-dire leur souci d'être dans un environnement favorable, d'avoir un accès au logement moins coûteux, la possibilité d'épanouissement d'autant plus que l'École est aussi un des paramètres qui entre souvent dans le choix des entreprises. S'il y a des systèmes éducatifs, les entreprises viennent beaucoup plus facilement, de même qu'elles viennent aussi plus facilement lorsqu'on peut se loger. L'École est ainsi réellement au cœur du territoire car elle est indispensable à son développement. Elle est support de la formation mais elle s'intègre à un ensemble éducatif plus vaste qui est le bassin de formation. Elle est, pour les familles, une des conditions essentielles de leur installation et de leur épanouissement. La formation doit donc occuper une place fondamentale dans tous les contrats, tous les contrats qui organisent la vie collective et, de ce fait, associer étroitement les parents, les familles, au projet global d'animation et de développement. Ce n'est pas parce qu'il y a des jeunes qu'il y a un avenir pour le territoire mais c'est parce que l'égalité des chances et de l'insertion est possible que cet avenir sera réalité.

(Applaudissements)

M. Letourneux

Juste avant de passer la parole à Monsieur Ghoul, je voudrais retenir trois mots : le mot **ouverture**, le mot **partenaire** qui sont deux demandes et le mot **équité** qui est une affirmation extrêmement forte de la part de Monsieur Billet.

Monsieur Ghoul vous avez la parole.

M. Ghoul Ingénieur thermicien

Merci Monsieur le Président.

Ma présence parmi vous aujourd'hui, vous la devez à Monsieur Alain Bouchez, une vieille connaissance, mon ancien proviseur, qui m'a demandé, compte tenu du contexte actuel très sensible, des phénomènes d'intégration et d'assimilation, des populations immigrées, d'apporter un témoignage vécu, le mien, sur ce sujet très délicat et combien complexe, quel rôle l'École a-t-elle joué sur le comportement de l'individu secoué par le transfert culturel ?

Qui suis-je et d'où je viens ?

Je me présente rapidement. Issu d'une filière technique universitaire, j'exerce mes activités d'ingénieur au sein des services techniques du Rectorat de l'académie de Nancy-Metz. Parallèlement, je préside la délégation régionale Est-Lorraine de l'Association des ingénieurs en « climatique-ventilation et froid » (AICVF), qui regroupe au plan national 3 000 adhérents. Je suis né au Sahara, dans le grand sud algérien en 1953, d'une famille nombreuse Touareg. Ma scolarité s'est déroulée en deux étapes : localement pour les enseignements primaire et secondaire puis, en France, pour ma formation supérieure.

Modèle culturel ?

L'abondance de fossiles, de vestiges et de fragments d'outillage néolithique, chers à quelques-uns parmi vous, atteste de la plus ancienne des civilisations africaines (2 500 avant J.-C.) vivant au Sahara. La population de ce territoire, peuplé depuis des millénaires de Touaregs et de Maures, conserve les idéologies des nouveaux États. L'introduction de l'Islam en Afrique, au XIIe siècle ainsi que le découpage géographique effectué à la fin du XIXe siècle, pour les organisations des colonies, ont marqué une page importante de l'histoire de ce vaste territoire, de culture et de souche Berbères, éclaté sur plusieurs pays. Dans chacun de ces pays, les hommes bleus se trouvent minoritaires aussi bien sur le plan démographique, politique et économique que social, culturel et linguistique. La société « touareg » tente, aujourd'hui, de se frayer à grand peine un chemin sur la scène internationale. Les récents événements qui, depuis, secouent le pays, démontrent que le problème identitaire est loin d'être résolu dans le cadre des États-Nations. Les richesses du sous-sol saharien (fer, phosphates, uranium, pétrole et gaz,) n'ont guère transformé, de nos jours, l'économie du désert. Les voies de communication et de pénétration restent très limitées. La scolarité des jeunes dans cet immense territoire, où la densité de la population est très faible, pose aux autorités de chaque pays concerné, le problème de l'éducation des enfants.

Si vous permettez, à titre personnel, j'évoquerai simplement le souvenir de mes premiers pas à l'École, qui m'obligea de m'éloigner, très jeune encore, de la cellule familiale pour des raisons de proximité des structures éducatives. Cet exode « forcé », dès le plus jeune âge, est souvent à l'origine des éclatements de la cellule familiale qui désolidarise les membres de la famille. Cet éloignement, par rapport à la société d'origine, se traduit par les effets classiques de la régionalisation culturelle. Dans le système familial africain, où l'aîné est souvent « sacrifié » pour la survie du noyau familial, les enfants des rangs inférieurs peuvent bénéficier de conjonctures matérielles et éducatives plus favorables. Cette facilité relative est d'autant plus grande que la position du rang de l'enfant, au sein de la famille, est élevée. Si la mobilité géographique est locale pour l'enseignement primaire, elle devient quasiment une transplantation de l'individu, par un changement de région ethnique différente, dès qu'on envisage de poursuivre les études secondaires. À titre d'exemple, en 1970, c'est au lycée de Dellys, en Kabylie, à plus de 2 000 kilomètres de mon lieu de résidence que j'ai pu entamer, en surnombre, le cycle secondaire avec l'aide précieuse et inespérée du directeur du collège technique qui a insisté, à cette époque, auprès des autorités, pour que je puisse poursuivre mes études. Durant ces périodes de scolarisation, en dehors du mode de vie d'origine, les acculturations se manifestent par l'abandon progressif des marques culturelles qui définissent les valeurs du point de vue ethnique. La cellule familiale lointaine, mais présente, apporte cette substance nécessaire pour éviter le décalage et la dérive de l'enfermement en se raccrochant souvent, dans les moments difficiles, à des repères stéréotypés (culinaires, rituels...) construits et adaptés dans la société d'accueil. Si ce décalage est faible au niveau des populations d'une même nation, il devient très vite important dès qu'on confronte des systèmes culturels basés sur des concepts totalement opposés.

Immersion culturelle ?

Ce qui m'a marqué, dans l'Hexagone, durant ma période de transition, c'est cette action acculturatrice très forte de la société sur le sujet « fraîchement installé ». Cette action brutale de confrontation et de chevauchement de systèmes culturels différents conduit, immanquablement, à une remise en question rapide des valeurs traditionnelles enracinées. Le choix s'impose ainsi rapidement à l'individu : soit l'absorption totale dans la population ethnique d'accueil, soit le blocage par le conservatisme, préjudiciable à une compréhension et une adhésion aux valeurs intellectuelles et artistiques de la société occidentale en perpétuelle évolution. L'apprentissage à l'École, en France, de ces valeurs basées sur le concept de la démocratie, implique l'assimilation, facteur important qui permet au sujet d'évoluer socialement. Inversement, la fermeture de la communauté basée sur un système religieux cause des tensions entre les cultures et pénalise lourdement l'émancipation des enfants et le processus d'adaptation des anciens.

C'est la raison pour laquelle l'immersion dans la population d'accueil me semble être la trame essentielle du processus d'intégration. Cet aspect volontariste est souvent mal compris au sein des communautés repliées sur elles-mêmes. Le poids de l'éducation parentale ainsi que l'environnement immédiat ne sont pas étrangers à ces comportements qui désorientent souvent les nouvelles générations. Le comportement solitaire ainsi que la volonté d'être utiles à la société adoptive, en général, a facilité grandement mon insertion au sein de la société française qui reste fidèle à sa conception universaliste.

Toutefois, il ne faut pas perdre de vue qu'un individu qui adhère au « multiculturalisme », donc à l'assimilation, perd, à long terme, ses valeurs traditionnelles d'origine. C'est la logique, sans alternance, de l'adhésion à la culture d'accueil majoritaire au sein d'une société. Cet aspect des choses rend utopique toute tentative de droit à la différence qui ne peut être qu'une transition, limitée dans le temps, permettant à l'individu secoué par le transfert culturel, d'assimiler les nouvelles valeurs.

Conclusions ?

Des attitudes de comportement, de facteurs d'assimilation autres que ceux cités dans mon exposé, peuvent jouer le rôle efficace d'une intégration harmonieuse. Cette expérience vécue n'est ni un standard, ni un modèle unique d'intégration. La complexité des situations rencontrées par les individus confrontés aux problèmes d'adaptations rapides ne permet pas de projeter un modèle de solution.

Mon parcours personnel n'a rien d'exceptionnel. Il résulte simplement du comportement volontariste d'un individu qui souhaite contribuer au développement de la société. Toutefois, une ouverture d'esprit et la volonté de s'investir dans la communauté d'accueil sont, pour les prétendants, les éléments clé du processus d'intégration.

Merci Monsieur le Président. Merci à vous.

(Vifs Applaudissements)

M. Letourneux

Merci Monsieur Ghoul pour ce témoignage tout à fait émouvant. Je retiendrai trois mots : le mot **deuil**, le mot **assimilation** et le mot **déracinement**. Monsieur Grandame Principal de collège.

M. Grandame Principal du collège Chasse-Royale à Valenciennes

Tout d'abord présentons le collège. Il est situé en périphérie de Valenciennes, accueille les élèves, issus des Écoles primaires voisines implantées dans des secteurs difficiles où le chômage est important. Si dans le Valenciennois le taux de chômage atteint 21 % de la population, il dépasse 35 % pour les familles du collège avec un taux record de 41% pour le seul niveau 6e. Le collège, comme son environnement, est dans une situation de **guerre économique**. Ce terme n'est pas trop fort pour exprimer l'état de crise aiguë vécue par cette région.

On y retrouve des phénomènes propres à une guerre :

— Les blessés ou tués portent ici le nom de RMISTES, jeunes aux chômage, chômeurs de longue durée...

— Les ruines sont les friches industrielles, les usines désaffectées, le délabrement des quartiers..

— L'exode peut être assimilé à la fuite de nombreuses familles vers les régions où l'on peut encore trouver de l'emploi.

— La misère réapparaît : les problèmes de malnutrition et de santé précaire d'une grande partie de nos familles sont de plus en plus nombreux.

— Le marché noir..., c'est l'émergence d'une économie parallèle illicite (trafic de drogue, vols...)

— Le climat d'insécurité existe dans les quartiers sensibles ; il est lié aux problèmes précédents : agressions, vols à la tire...

— Le repli sur soi d'une grande partie de la population : la passivité devant le chômage absolument catastrophique.

— Un réseau de résistance est aussi apparu ; il s'est créé autour de l'École et il est composé de « militants » de tous horizons (élus, membres d'associations, personnels d'administrations, travailleurs sociaux, enseignants...) qui essaient de réagir en refusant cette fatale dégradation du tissu social.

Voici en quelques lignes tracé l'environnement de l'établissement. Comment le collège Chasse-Royale a-t-il joué un rôle important dans ce contexte et comment a-t-il assuré la mission hautement symbolique de repère, d'intégration et de culture aussi bien pour les jeunes que pour leurs familles ?

En mettant en œuvre un projet d'établissement centré sur l'élève, notamment en prenant en compte les rythmes biologiques des jeunes, mais aussi, des actions en faveur des parents.

C'est de ces dernières dont je parlerai, aujourd'hui, parce qu'elles sont, me semble-t-il, absolument nécessaires à la réussite des élèves dans notre secteur de recrutement particulièrement défavorisé.

L'action envers les parents, un axe essentiel de notre mission.

L'École a le mérite d'être présente dans tous les quartiers sensibles, c'est pourquoi il est très facile de la rendre responsable de la crise. Cette accusation, malheureusement, conduit parfois à l'agressivité, surtout de la part des parents eux-mêmes en difficulté, ayant subi un échec scolaire et n'ayant donc plus confiance en nous.

Notre mission première est de réconcilier ces familles avec le système scolaire. Le collège a donc élaboré un plan d'actions visant à renouer le dialogue avec les familles, mais aussi à les aider à remplir leur mission parentale ; cette aide se veut efficace sans toutefois tomber dans l'assistanat. Elle se décompose en cinq étapes que je vais présenter brièvement.

Inscription des élèves en 6e. En juin lors de l'inscription administrative en 6e, chaque famille est reçue par le principal ou le principal-adjoint. Aucune inscription n'est validée sans cet entretien au cours duquel on fait le point sur le jeune : comportement, résultats scolaires du primaire, points forts, points faibles. C'est un moment privilégié puisque l'enfant n'est pas encore scolarisé au collège, aussi les parents viennent nous rencontrer sans crainte d'entendre des propos désagréables et s'expriment librement.

Au cours de cet entretien, on s'aperçoit que l'École reste un repère important pour les parents et qu'au-delà de cette fatalité apparente du chômage, il existe un souhait implicite de réussite et de promotion de leur enfant. Présence de 100 % des parents.

La prérentrée. Le jour de la prérentrée des professeurs, une rencontre entre parents et professeurs de 6e est organisée de 17 h à 19 h. Ce premier contact est ainsi dépourvu de toute évaluation de l'élève. Après un mot d'accueil du principal, les parents sont répartis dans différentes salles selon la classe de leur enfant. Le professeur principal anime la réunion avec l'aide de quelques autres professeurs.

Quels objectifs ? Présentation des professeurs et des parents, distribution de l'emploi du temps de classe et premières explications. *Invitation aux 3 séances d'aide du samedi matin !*

Les parents ont, pour une fois, des informations avant leurs enfants ; ils peuvent renouer le dialogue positif sur l'École. Cette rencontre se termine par un « pot » pris en commun. Participation 92 à 95 % des parents.

Troisième étape et première séance : le samedi qui suit la rentrée des élèves, les parents sont invités au collège de 9 h à 11 h. L'accueil est réalisé par chaque professeur principal aidé par un « parent ancien » autour d'un petit déjeuner.

Objectifs de la séance : découverte, de la structure du collège par les parents, mise en évidence de la complexité de cette structure et de la nécessité d'une aide des parents pour que les enfants comprennent cette structure.

Déroulement de la séance : après l'accueil convivial, visite des locaux, par petits groupes en suivant l'emploi du temps fictif d'une journée de classe. Dans les classes spécialisées (sciences expérimentales, technologie) un professeur de la discipline présente sa matière et montre quelques expériences que fera l'élève au cours de l'année. Retour en salle, échange avec les parents et présentation de l'emploi du temps réel de la classe de l'enfant, travail sur ce document. Un bilan de la séance est tiré. Participation 60 à 65 % des parents.

Deuxième séance : troisième samedi après la rentrée de 9 h à 11 h toujours, même organisation autour d'un petit déjeuner.

Objectifs : donner la parole aux parents pour connaître leurs difficultés. Aider les parents à suivre leur enfant en leur donnant les outils nécessaires.

Remarques : malgré les notes écrites, les affichages divers, les déclarations lors de réunions on note que la circulation de l'information est très difficile et que ces rencontres ont permis de faire mieux comprendre la politique de l'établissement et d'obtenir une meilleure adhésion des parents à cette politique.

Par ailleurs la participation à ces réunions de parents de l'association a davantage validé les informations transmises. En effet, les parents confrontés antérieurement à ces mêmes difficultés ont pu apporter un témoignage et surtout une aide aux autres parents. Participation : 50 à 55 % des parents.

Dernière étape et troisième séance : un samedi de décembre, après le premier conseil de classe. Les groupes constitués lors de la deuxième séance se sont reformés et ont travaillé en autonomie. Les axes de travail sont les suivants : étude des résultats des élèves après le conseil de classe ; découverte du bulletin par les parents ; décodage de ce document par les professeurs ; repérage avec chaque parent des axes d'efforts pour pallier les insuffisances rencontrées. Participation : 70 à 80 % des parents.

En conclusion : je puis vous dire que nous avons rétabli la confiance entre le collège et ses usagers : mieux informés ; munis d'outils simples de suivi scolaire de leurs enfants, les parents peuvent enfin assumer la part d'éducation qui leur revient et qu'ils avaient abandonnée aux enseignants tout en les accusant de ne pas réussir. D'autre part, nous essayons de redonner de l'ambition aux familles, de les aider à ne plus accepter cette spirale infernale de l'échec.

Les résultats obtenus par notre établissement depuis plusieurs années montrent que nous sommes sur la bonne voie. Ils se traduisent par une participation de plus en plus importante des parents à la vie même du collège. L'établissement par ailleurs devient attractif : la demande d'entrée en 6e est supérieure à la fuite, les résultats scolaires sont en nets progrès : plus de 80 % reçus au brevet et des élèves qui réussissent en lycée.

Dans cet état de guerre économique, le collège assure sa mission de repère, d'intégration et de culture en réduisant, autant que faire se peut la « fracture sociale » existante.

(Applaudissements)

M. Letourneux

Merci Monsieur Grandame.

Je retiendrai quatre mots de votre intervention : le mot **réconciliation**, le mot **confiance** et le mot **ambition**, que vous-même avez donné dans vos axes, et j'en ajouterai un quatrième qui a été transvers, je crois, à tous vos propos, c'est le **respect**.

Maintenant je crois qu'après cette immersion dans le terrain, nous allons, pour filer la métaphore militaire que vous aviez, nous intéresser à un appui logistique, une couverture aérienne en quelque sorte, que pourrait donner l'édition et en particulier Hachette-pédagogie. Je cède la parole à Madame Casanova directrice aux éditions Hachette.

Mme Casanova

J'appartiens, chez Hachette à la branche Éducation où j'ai la responsabilité des productions pour enseignants, c'est-à-dire en particulier des collections de formation initiale et continue qui leur sont destinées. C'est pour cette raison que l'on m'a demandé de m'interroger sur le rôle de l'éditeur scolaire, sur la manière dont il accompagne l'évolution de l'enseignement, de ses métiers et de ses structures.

L'éditeur, en effet, se présente comme un **partenaire** du système éducatif, non comme un **initiateur** de réformes ni comme un **décisionnaire** et les actuelles mutations du système éducatif l'amènent en permanence à se remettre en question et à se recentrer sur ses missions.

L'éditeur scolaire a un statut particulier

L'éditeur scolaire se distingue de ses confrères dits de littérature générale par le fait qu'il peut cerner et chiffrer très précisément son marché, environ 800 000 enseignants et 12,7 millions d'élèves, eux-mêmes fractionnables en sous-ensembles de tailles diverses mais parfaitement identifiables et aux besoins en apparence bien définis par des programmes scolaires. L'élève est au centre de son activité, l'École au cœur de sa problématique.

… qui subit aujourd'hui de fortes mutations

Cette position particulière est en train de se transformer sous l'effet de la décentralisation et de la responsabilisation des acteurs dans l'institution scolaire :

— **les décisions d'organisation** des enseignements et d'adaptation des programmes sont prises au niveau local par les conseils d'administration des établissements ;

— **les décisions d'implantation des établissements,** impliquant des décisions sur la création de telle ou telle section, sont prises au niveau local par les collectivités locales et les administrations déconcentrées ;

— **les décisions d'achat** sont prises et effectuées au niveau local, en fonction des besoins, des demandes et des moyens locaux, quelle que soit l'origine de ces moyens ;

— **les décisions de l'administration centrale** perdent leur valeur d'injonction universelle pour devenir des éléments d'harmonisation et de régulation des actions éducatives : les programmes mériteraient plus actuellement le nom de guides pour des actions pédagogiques adaptées au terrain et aux publics.

Aussi, lorsque je m'interroge sur mon identité d'éditeur, sur ce que je dois faire et sur ce que je peux faire, ai-je envie de retenir quatre verbes, auxquels s'adjoignent quatre substantifs. Les verbes sont : accompagner, refléter, aider et servir. Le substantif qui va avec accompagner pourrait être partenaire, avec refléter, bien évidemment miroir, avec aider, outils et avec servir, mission.

1. Un partenaire qui accompagne

— **les programmes sur le terrain :** en créant des manuels qui interprètent, au sens où on le dit d'un acteur, ces programmes, il devient créateur de ces progammes comme un acteur crée son personnage.

— **l'enseignant dans sa classe :** en proposant des livres pour le maître et des nouveaux outils d'enseignement adaptés aux nouvelles manières de faire la classe et aux nouveaux publics d'élèves

— **l'enfant dans sa famille :** par des outils éducatifs qui vont permettre aux parents d'accompagner la scolarité de l'enfant ou aux élèves de prolonger seuls à la maison le travail scolaire.

2. Un miroir qui reflète

— **l'image de l'École :** à travers les outils de l'enseignement, c'est une image de l'École qu'il renvoie et le propre d'une image, c'est bien d'avoir une action sur celui qui la regarde. Cocteau ne souhaitait-il pas que les *miroirs s'arrêtent de réfléchir ?*

— **l'image de l'enseignant :** non seulement les ouvrages de formation proposés à l'enseignant vont lui donner une image de lui-même et de son métier, mais vont l'amener à s'approprier une image valorisante (ou dévalorisante) de lui-même et de ses fonctions, lui rendre la foi ou la lui ôter.

— la demande sociale d'éducation : l'importance croissante que parents et grands élèves attachent aux produits parascolaires et leur intérêt pour les outils proprement scolaires est bien le signe d'un désir de transférer l'École à la maison pour mieux lui permettre de répondre à tout ce qu'on exige d'elle.

3. Des outils pour aider

— **l'enseignant à remplir sa mission :** fournir à l'enseignant des outils de formation permanente qui tiennent compte du fait que c'est un professionnel de la formation et que la responsabilité très lourde qui pèse sur lui ne lui permet pas de rester replié sur ses acquis universitaires initiaux.

— **les élèves à apprendre :** inventer des outils d'enseignement et renouveler ceux qui existent pour respecter les profils particuliers d'apprenants de plus en plus nombreux et divers, pour favoriser leur autonomie, leur responsabilisation et l'appropriation des connaissances, avec l'aide des maîtres.

— **les parents à comprendre :** produire des outils qui soient médiateurs entre l'École et les parents, qui servent de liens et aident le dialogue entre le maître et la famille.

4. Une mission, servir

— **l'évolution de l'École et ses réformes :** accompagner et aider l'immense effort d'évolution et d'adaptation que fait l'École aujourd'hui, tout en respectant les objectifs de rentabilité et de bonne gestion nécessaire à la survie et au développement de l'entreprise.

— **sa lutte pour l'intégration, la réussite de tous et contre l'exclusion :** accompagner l'enseignant qui est souvent le seul représentant du service public dans des secteurs difficiles, et lui procurer, outre des outils de travail, des moyens de communication. Le manuel scolaire dans les zones les plus déshéritées est le seul et le dernier représentant du livre et de la culture donc le seul moyen de cohésion sociale entre les mains de l'enseignant.

— **sa volonté de se projeter dans l'avenir pour créer le monde de demain :** résoudre la quadrature du cercle, c'est-à-dire créer avec audace et prudence, imagination et respect des traditions des produits nouveaux, tels ces multimédia qui répondent à des demandes parfois à peine perceptibles aujourd'hui mais qui orchestreront l'École demain.

M. Letourneux

Merci Madame Casanova.

Je passe tout de suite la parole à Emmanuel Todd après cette première série de témoignages.

M. Todd Sociologue

Ce seront vraiment des réactions et non une synthèse. Je suis, dans une certaine mesure, spécialiste du territoire mais pas du tout de l'École. Ma seule compétence en ce domaine étant mari d'une femme professeur d'histoire en banlieue parisienne et qui m'apporte tous les jours des témoignages de ce qui se passe dans ces régions. Je vais plutôt donner mes réactions à ce qui a été dit et la façon dont j'aurais tendance à aborder le problème.

Le thème de ce colloque, « École, cœur du territoire ? », me paraît tout à fait fondamental. On est clairement dans une phase historique où la société est soumise à un certain nombre de forces de dislocation qui viennent, dans mon analyse, de l'ouverture des échanges et de l'entrée dans une phase dans laquelle l'ouverture économique se produit à un rythme d'une telle rapidité, avec une telle violence que cela a des effets de dislocation sur la structure sociale en profondeur. On est effectivement en train de se rendre compte que l'École est l'une des structures socio-politiques qui tiennent le coup. Je serais même tenté de dire, c'est ce que je sens dans les milieux sociologues et de la haute fonction publique que je côtoie assez souvent, que je sens un glissement dans la perception de ce qu'est l'École.

Il y a quelques années, on n'en parlait qu'en termes de difficultés, de secteur en crise. Il y avait une sorte de langage un peu dépressif sur l'École. Ce que je sens actuellement, c'est le début d'un glissement : l'École comme l'une des dernières structures sociales qui tienne. En tant que sociologue, j'aurais abordé cette question du territoire, à travers la décentralisation mais de la diversité initiale et fondamentale du territoire français. Finalement, Messieurs Billet et Grandame nous ont donné, sans le dire, deux visions différentes. Celle de Monsieur Billet, qui parlait de familles, qui évoquait des familles exigeantes, demandeuses de quelque chose qui est l'École — je crois que vous venez de Grenoble — est typique de la région Rhône-Alpes d'une certaine façon. On a eu, à l'opposé, la vision de Monsieur Grandame, la vision de la région Nord-Pas-de-Calais. Il est vrai que la première des choses que l'on observe, quand on a travaillé comme je l'ai fait sur les niveaux de performances scolaires et les attitudes éducatives des diverses régions de France — on a eu d'ailleurs la vision de la Bretagne ce matin, on a eu les performances bretonnes — est l'extraordinaire hétérogénéité, à toutes les époques, des performances scolaires. Cela ne tient pas uniquement à l'histoire économique du pays, cela tient à des choses très profondes qui sont, pour moi, les structures familiales. Il y a des régions de forte tonicité scolaire : la région Rhône-Alpes, la Bretagne, le Sud-Ouest qui ont des taux de performances au baccalauréat tout à fait supérieurs à ce qu'on pourrait appeler la moyenne nationale. Ce que j'y vois, c'est l'action des familles. C'est une interaction positive entre familles et système scolaire, quelque chose qui est invisible, qu'il est difficile de décrire. On peut montrer historiquement que les systèmes familiaux de ces régions périphériques, correspondent en fait à des situations de plus grande solidarité entre générations. Et puis, il y a le Bassin Parisien, hors région parisienne au sens strict, hors Ile de France : région d'implosion, en fait de grande difficulté, où l'on trouve les régions les plus caricaturales qui sont les régions de la frange nord. Nous avons là la superposition de structures familiales traditionnelles qui ne sont pas très favorables, moins toniques en termes de performances scolaires dans la phase actuelle et puis en difficulté de reconversion industrielle. On est dans un cas limite mais des régions comme le Vexin, tout près de Paris, et qui pourtant sont au cœur du dynamisme économique, sont des régions de difficulté de performances scolaires. On peut montrer que, dans ces régions, il y avait des systèmes familiaux individualistes qui étaient moins capables, dans la phase actuelle, d'aider les enfants et de les suivre dans leur vie scolaire.

La première chose que je ferai est de poser la question de l'École, instrument d'action nationale face à cette diversité des territoires, ne pas me contenter de dire qu'il y a la décentralisation, comme il en a été question à propos des manuels scolaires et que les centres de décisions sont maintenant déplacés vers le bas dans un certain nombre de domaines, mais de bien voir que déplacer des centres de décision vers le bas, dans un certain nombre de domaines, a des conséquences très différentes dans une société qui est relativement homogène sur le plan des conceptions familiales et des performances éducatives, comme l'Allemagne par exemple. Si l'on décentralise les décisions en Allemagne, cela produit, en effet, une impression de décentralisation des décisions mais simplement avec des effets d'optimisation parce que les régions ont quand même des aptitudes équivalentes. Décentraliser et abaisser le niveau de décision dans un système très hétérogène comme le système français, a des effets tout à fait différents. Je suis en train de laisser passer le bout du nez, je suis un centraliste, dans le contexte actuel justement parce que le problème historique de la France est cette hétérogénéité des territoires. Je veux dire simplement que cette hétérogénéité peut être saisie indépendamment du niveau de développement économique. C'était vrai à l'époque de la Révolution française, c'est resté vrai dans la période de la Révolution industrielle, mais renforcé, les variables anciennes existent toujours, par la question de l'immigration. L'immigration n'est pas toute la France, elle est un morceau de la France, elle est le tiers ou les deux cinquièmes Est du territoire national : une deuxième hétérogénéité s'ajoute donc. De l'expérience de ma femme, qui est professeur, qui décrit, en terme de mutation de postes la banlieue parisienne dans le sens des aiguilles d'une montre depuis quelques années, l'une des choses qui est frappante c'est que l'hétérogénéité des territoires ne joue pas simplement au niveau de grandes régions. Il y a des phénomènes locaux extrêmement puissants, il y a des sous milieux et je crois même qu'à l'intérieur de cet univers décrit de façon uniforme comme la banlieue, il y a des types de banlieues. Il serait utile d'avoir dans les établissements scolaires, avant d'opérer et d'agir, une typologie des banlieues. Ma femme s'est trouvée enseignant dans des banlieues parisiennes mais dans des banlieues où tous les problèmes se mêlaient, par exemple des banlieues dans lesquelles les enfants en difficultés scolaires étaient effectivement les enfants d'immigrés. Mais elle s'est trouvée aussi nommée dans d'autres endroits où les élèves en difficultés scolaires étaient, comme on dit, français de souche où toutes les têtes brillantes en classe étaient les gosses d'origine émigrée. Je ne dis pas cela pour en tirer des lois mais simplement pour évoquer l'hétérogénéité des situations. Si j'abordais ce problème, et je crois que dans mes recherches je serai amené à l'aborder car il est important, c'est cette notion d'hétérogénéité des territoires et de rapport de cette hétérogénéité à la nécessité d'un système quand même fortement centralisé que je l'utiliserai.

Je termine avec un mot qui n'a aucun rapport pour dire mon total accord avec Monsieur Ghoul sur sa vision de l'assimilation comme arrachement, mais je viens de finir la lecture d'un livre qui s'appelle « Le destin des émigrés », et j'ai retenu de son intervention deux choses qui sont d'une part la nécessité de l'assimilation mais aussi la conscience du fait que tout processus d'assimilation est un arrachement à une culture et que la grande naïveté serait d'imaginer qu'une solution pour le destin d'un immigré soit facile, qu'il existe un trajet semé de roses et qui ne pose pas de problèmes.

M. Letourneux

Emmanuel Todd nous a introduit deux éléments fondamentaux qui devraient rester dans nos esprits : l'idée d'**hétérogénéité** et celle de **typologie**. Je crois qu'on meurt beaucoup, dans ce système, d'effets « moyennes », et que la typologie serait vraiment quelque chose d'important à développer.

Je vais passer, maintenant, la parole à Madame Bui-Trong.

Mme Bui-Trong

Ma présence ici peut paraître un peu incongrue : je suis commissaire de police et on peut se demander ce que la Ministère de l'Intérieur peut préten à l'Éducation nationale, d'autant plus que, lement, un grand fossé sépare les deux insti études sociologiques ont montré que le c gnant considérait les policiers comme un corps un peu obtus, ignorant, rigide et, à la limite, un peu raciste, dur (tous les défauts qui pouvaient résulter des images de Mai 68). Elles ont aussi montré que, de leur côté, les policiers se plaignaient que le corps enseignant les comprenait peu, les méprisait et ne leur apportait pas l'aide dont ils avaient quelquefois besoin.

Ceci dit, la situation a beaucoup changé ces dernières années. J'entends souvent des policiers me dire « c'est incroyable ce que les enseignants ont changé ». Maintenant ils nous demandent, ils nous appellent, ils nous respectent. On a tendance à vouloir se réjouir de cette nouvelle attitude mais, en réfléchissant un peu, on se rend compte qu'elle est le signe d'une dégradation très importante du tissu social dans certains lieux, parce qu'elle se trouve toujours **liée à certaines situations particulières du territoire**. Je vais rebondir sur l'idée de typologie de M. Todd car, pour moi, l'attitude des enseignants face à la police, peut être située sur une espèce d'échelle, une échelle significative du degré de dégradation d'un quartier. Là où les enseignants appellent la police, c'est que le quartier est en très grande difficulté et que l'École, au lieu d'être une citadelle traditionnelle, est devenue le lieu dans lequel la violence a fait irruption, dans lequel le quartier a réussi à s'introduire avec ses violences et ses phénomènes de bandes.

Maintenant je vais vous expliquer d'où je me place. Je travaille à la Direction Centrale des Renseignements Généraux, donc auprès du Ministre de l'Intérieur, et ma mission depuis quatre ans, consiste à diriger un groupe d'analyse et de prospective sur la violence urbaine. Au départ, le but était d'analyser les phénomènes d'émeutes et de bandes délinquantes mobiles, mais très rapidement, on s'est rendu compte que les émeutes ne se produisaient pas au hasard dans des quartiers qui n'avaient pas connu auparavant des prémices de violence. L'émeute n'est que le résultat d'une dégradation progressive d'un quartier. Elle devient possible dans un quartier qui a déjà une histoire, et c'est pourquoi l'étude de la violence urbaine en tant que phénomène d'émeute s'est élargie très rapidement à un suivi quotidien des quartiers sensibles dans les différentes banlieues, sur l'ensemble du territoire, et elle a débouché sur cette idée de typologie dont parlait M. Todd.

On a constitué un observatoire : les fonctionnaires des Renseignements Généraux, dans les différents départements, ont repéré leurs quartiers en difficulté et m'en ont fait une description, sous divers aspects (démographiques, économiques, sociaux, les phénomènes de violence dans ces quartiers, les phénomènes de drogue, la politique de la ville, la vie associative). 830 quartiers sont ainsi suivis régulièrement depuis quatre ans. Très rapidement, s'est imposée l'idée d'une disparité énorme. Sur mes 830 quartiers, 330 ne présentent pas de problèmes au regard de l'ordre public et 500 sont marqués par des problèmes que j'appelle « violence urbaine » au sens très général du terme, c'est-à-dire des phénomènes de délinquance juvénile collective, visible, provocatrice, créatrice d'un sentiment d'insécurité au sein de la population. On voit dans ces quartiers des activités destructrices qui ne sont pas très importantes et ne sont donc pas recensées dans les statistiques officielles des délits et des crimes, mais qui ont un impact très fort sur la population, dans la mesure où elles sont très visibles. Je prendrai un exemple simple : un rodéo de voitures volées dans un quartier, cela fait 3000 personnes réveillées au milieu de la nuit, des gens qui appellent la police, qui s'énervent ; mais du point de vue des statistiques de la délinquance, il y aura simplement un vol de voiture, déclaré dans le centre-ville (la voiture est généralement volée en centre-ville et on revient faire le rodéo dans le quartier de résidence).

J'ai défini une échelle de gravité pour ces comportements, parce que l'on constate que la violence passe d'un degré à un autre. Il y a une espèce d'escalade, qui se fait dans le temps, de manière progressive. Cette échelle va du simple phénomène de bande (vols en groupes, razzia du petit commerce du coin) aux violences anti-institutionnelles, qui d'abord ne sont que des simples vandalismes contre les objets, contre les édifices et qui ensuite seront des attitudes agressives vers des personnes représentant les institutions (enseignants, travailleurs sociaux, élus, pompiers). Ensuite, ces violences seront dirigées contre les forces de l'ordre elles-mêmes, ce qui suppose un degré supplémentaire dans l'échelle de la violence, dans la mesure où il y a affrontement de ceux qui symbolisent en principe l'ordre et la force, la force de l'État.

Actuellement, j'ai environ 130 quartiers dans lesquels la police éprouve des difficultés pour entrer, pour travailler, et je constate que dans les quartiers les plus gravement atteints par ces phénomènes de sécurité liés à la violence juvénile collective sont également ceux dans lesquels les Écoles ont cessé d'être ces citadelles, ces lieux que vous avez si bien décrits tout à l'heure (ce lieu de recueillement où l'on respecte si bien le maître, et où on veut faire son apprentissage et participer à la culture rationnelle, scientifique, esthétique etc.). Donc, nous avons des Écoles qui ont cessé d'être des sanctuaires et dans lesquelles la violence se manifeste, là aussi, au quotidien et, là aussi, en franchissant des degrés de gravité.

On a d'abord les simples vols, l'agressivité et les incivilités au quotidien entre les enfants, le maître étant encore quand même un peu craint. Je note au passage que ces problèmes touchent très peu l'École primaire (l'enfant est très conformiste, respectueux de l'autorité de façon naturelle, c'est là un fait psychologique) et ne commencent vraiment qu'à l'adolescence. Dans ces quartiers sensibles, la crise d'adolescence que l'on rencontre partout ailleurs, qui est tout à fait psychologique et naturelle, la crise d'adolescence, qui est tout à fait psychologique et naturelle, prend une espèce de forme collective dans la mesure où il y a des habitudes collectives qui sont prises, où il y a une culture de quartier, un « esprit de quartier » qui fait que les comportements prennent des formes particulières, plus graves, plus difficiles à endiguer pour les enseignants.

Après une première phase, quand l'École se dégrade et que la violence monte, petit à petit les violences entre élèves s'aggravent, puis apparaissent les premiers actes de vandalisme à l'égard des voitures des enseignants. Apparemment « gratuites », ces violences ont toujours une motivation (vengeance, ressentissements). Au vandalisme contre les voitures, contre les locaux, succèdent les agressions verbales, puis physiques contre des enseignants. Après, quand les choses vont encore plus mal, l'École devient le lieu où les bandes commencent à s'implanter. Commencent alors les petits trafics de drogue à l'intérieur de l'École, des rixes entre bandes dans l'École. Dernier degré que je viens de découvrir il y a deux jours, dans un collège on a eu même une mini-émeute à la suite de quelque chose qui a déplu aux élèves (une infirmière qui a vu son contrat se terminer). Quelques dizaines d'entre eux se sont mis à casser les vitres, les meubles, en plein jour, ce qui est absolument nouveau, selon moi.

Donc, lorsque le quartier monte dans l'échelle de la

violence, l'École, petit à petit, se trouve entraînée sur cette même échelle. La violence s'introduit dans l'École et y croît.

C'est alors que la police est interpellée, appelée et que l'on commence à nous « aimer » un peu plus, ce qui ne me réjouit pas du tout. Ce que nous disons, nous, policiers, dans ces cas là, c'est qu'il y a un problème grave.

Le constat est toujours le même : celui d'une escalade, qui est encouragée dans l'esprit des enfants par le sentiment d'impunité. Il est donc absolument important, pour les enseignants, qu'ils prennent conscience qu'il y a là un problème qu'il ne faut surtout pas prendre à la légère. On sait très bien, en analysant tous les problèmes de violence, qu'il y a des motivations importantes, profondes, qui sont liées à l'échec scolaire, à des sentiments d'injustice, et quelquefois à un sentiment d'être rejeté pour des raisons de racisme etc. Il y a des éléments qui font que ces violences ne sont pas tout à fait gratuites et viennent même du fond des gens. Il faut donc analyser les causes, les motivations, les mobiles de ces violences et travailler sur ces mobiles, ces motivations, par le dialogue, par tout ce que l'on peut imaginer en matière de prévention.

Mais il faut aussi prendre la violence comme un problème nouveau, sérieux, qui peut s'aggraver, qui peut maintenant, vous le voyez, déboucher sur des scènes d'émeute à l'École et donc c'est un phénomène grave. C'est l'occasion de remettre en question la relation entre l'enseignant et l'enseigné, parce que finalement la pédagogie ne peut marcher, ne peut fonctionner que s'il y a un respect à l'égard du maître, et donc une différenciation des rôles, une appréhension concrète de l'élève dans sa dimension individuelle. J'entends souvent dire, de la part des enseignants chez qui ça ne marche pas : « je ne suis pas payé pour faire le gendarme dans ma classe », alors je dis : non, c'est faux, l'enseignant doit d'abord être le garant de l'ordre dans sa classe, parce que le reste est bâti là-dessus, c'est le socle inébranlable de la relation pédagogique.

L'attitude face à la violence est donc un élément qu'il faut faire entrer dans la formation des enseignants, pour ces quartiers qui présentent des difficultés tout à fait particulières et originales.

(Vifs applaudissements)

M. Letourneux

Merci Madame.

Nous reprendrons l'intervention de Monsieur Beaulieu et de Monsieur Grasser à 14 h 30 précises. Juste avant de vous laisser aller déjeuner, je vais passer la parole à Emmanuel Todd pour qu'il puisse conclure cette matinée.

Il y a un point important qui a été noté et sur lequel il faudra revenir : c'est celui de **l'articulation entre les différents lieux compte tenu de l'hétérogénéité.**

M. Todd

Je vais simplement faire trois notes de commentaires sur l'intervention de Madame Bui-Trong. D'une part, je me réjouis de l'apparition d'une École de sociologie dans la police. Compte tenu des difficultés de la sociologie universitaire, cela me paraît prometteur d'un renouvellement. Cela m'a d'ailleurs aussi frappé quand j'étais membre, pendant quelque temps (j'ai démissionné ensuite), de la commission de réflexion sur la toxicomanie. Cette commission vient de rendre un rapport dont je ne suis pas responsable, puisque j'ai démissionné, et les policiers qui en faisaient partie, étaient de très bons sociologues notamment dans la perception qu'ils avaient de la cité. D'autre part, je suis en accord total avec ce qui a été dit sur le rapport des professeurs à l'autorité. Avec Mai 1968, on est entré dans une évolution de la conception de l'autorité, conception qui n'a certainement pas facilité les choses, et la reconstruction de l'idée de l'autorité de l'enseignant, une autorité mise au service de l'apprentissage de ce que l'on appelle liberté en France, est l'un des problèmes. Le regard, l'attitude des gens vis-à-vis de l'autorité, est un paramètre sur lequel il faut travailler en France et surtout cesser de penser que toute notion d'autorité vis-à-vis des enfants et des adolescents est passéiste. Étant un vieux soixante-huitard moi-même, si l'on peut dire, je pense qu'il y a tout un travail de réflexion à faire sur le caractère tragiquement périmé de toutes les attitudes soixante-huitardes sur l'autorité.

M. Letourneux

Nous avons tenu notre pari, les travaux de la matinée sont achevés. Merci et bon appétit.

APRÈS-MIDI

M. Letourneux

Nous avions terminé la matinée sur un certain nombre de notions importantes autour de l'hétérogénéité, de typologie des différents espaces et territoires et Emmanuel Todd a insisté sur un point tout à fait fondamental : la place de l'autorité dans l'École.

Il est un point, également important, qu'on pourrait appeler la subsidiarité, c'est-à-dire la possibilité de prendre des décisions et les bonnes décisions aux différents niveaux des différents territoires, dans lequel nous pouvons nous situer. Les témoignages de Monsieur Grasser, Maire-adjoint d'Épinal et de Monsieur Beaulieu, vice-président du Conseil Régional Poitou-Charentes vont illustrer la question de la place des collectivités territoriales dans l'École et dans l'articulation entre décentralisation et déconcentration.

Je vais passer la parole à la collectivité territoriale la plus ancienne, celle qui est quasiment fondatrice de la République, comme l'on rappelé les historiens ce matin, la commune. Monsieur Grasser, nous vous écoutons.

M. Grasser, professeur, maire-adjoint d'Épinal

Merci Monsieur le Président. Mesdames, Messieurs, j'ouvre l'après-midi alors que je devais clôturer la matinée. Dès ce matin, par l'intervention d'Alain Bouchez, vous avez entendu parler d'Épinal puisque j'ai noté soigneusement qu'il a parlé au moins deux fois d'images d'Épinal. J'ai senti que cela commençait bien.

Je vais donc essayer de vous dessiner une nouvelle image d'Épinal puisque, effectivement, on parle de notre ville depuis quelques années, à travers ce qui était une expérience au début, ce qui n'est plus une expérience aujourd'hui puisque pratiquement plus du tiers des enfants de l'École élémentaire d'Épinal participe à un nouvel aménagement du temps de l'enfant.

Épinal est la préfecture du département des Vosges. On a évidement quelques ancêtres importants pour le monde de l'Éducation, comme Jules Ferry par exemple. On ne pourrait pas omettre d'en parler car il est toujours la référence dans notre département. C'est une ville qui, actuellement, a un peu plus de 39 000 habitants, dans une agglomération qui en compte un peu plus de 62 000. Nous avons 35 Écoles maternelles et primaires regroupant environ 4 500 élèves. Le total des élèves scolarisés à Épinal dépasse actuellement les 15 000 si l'on va jusqu'à l'enseignement supérieur dont le développement est relativement important depuis quelques années. Si j'évoque les diverses étapes de l'enseignement, pour revenir d'une manière principale sur l'École, c'est parce que je voudrais dire tout de suite que la collectivité territoriale qu'est la commune participe aussi directement ou indirectement au collège, au lycée et à l'enseignement supérieur. Tout simplement parce que, selon la vieille coutume qui consiste à se retourner vers la collectivité qui est directement en contact avec le public, il y a un certain nombre de travaux d'investissement qui ne pourraient se faire si la commune n'intervenait pas. C'est ainsi que nous intervenons directement dans certains investissements de collège, que nous sommes intervenus et que nous intervenons encore dans les investissements de lycées, qui sont pourtant du ressort de la région, puisque nous sommes en train de construire actuellement un gymnase à côté d'un des deux lycées polyvalents d'Épinal et, pour ce qui concerne l'enseignement supérieur, nous fournissons là aussi des locaux voire éventuellement le paiement des voyages des enseignants venus de Nancy pour assurer les cours. Il y a donc bien une intervention et une intervention qui montre une véritable volonté politique au niveau de l'École. Il ne faut pas se cacher les choses : si la collectivité territoriale qu'est la commune, et une ville moyenne comme Épinal fait les efforts que je vais vous décrire rapidement, c'est parce que il y a, à la fois, une idée politique derrière qui est forte et qui est en particulier celle du député-maire Philippe Séguin. Mais il y a aussi tout simplement des arguments qui tiennent à ce que l'on voyait ce matin, par exemple le problème de la délinquance ou de l'exclusion, et tout simplement aussi qui tiennent du développement local. Il y a donc une nécessité de placer l'École, véritablement au cœur de la commune.

Je parlais à l'instant d'une volonté politique : elle s'exprime d'un point de vue budgétaire. Si l'on regarde les comptes, je ne vais pas vous les infliger cet après-midi mais, quand on parle de l'École, il faut faire des additions avec non seulement le budget de l'Éducation nationale, et en particulier le budget dit obligatoire au niveau des Écoles maternelles et élémentaires, mais prendre également en compte une partie du budget social, une partie du budget de la culture et une partie du budget des sports. C'est en cumulant tout cela que l'on peut commencer à mesurer la convergence qui est faite autour de l'École et particulièrement autour des Écoles maternelles et des Écoles primaires. Il y a donc une volonté forte.

Alors convergence évidemment politique que je citais tout à l'heure, convergence aussi avec les différents partenaires. Rien de ce qui s'est fait des initiatives de la ville ne s'est fait seul avec une commune qui accorderait ou n'accorderait pas tel ou tel service : cela s'est fait en concertation avec les différentes autorités de l'Éducation nationale, avec la santé scolaire mais aussi avec les syndicats d'enseignants et avec les parents d'élèves qui votent à bulletins secrets pour savoir si leur École va pouvoir évoluer dans de nouveaux horaires. C'est en fonction de ce vote, qui doit être au moins des deux tiers, que nous décidons de basculer dans un nouveau système. Tout cela est donc très clair.

Quant aux objectifs, c'est d'abord celui d'égalité qui, je crois, tient le plus au député-maire : objectif d'égalité dans une égalité républicaine car il s'agit bien de l'École de la République et de ce qu'elle a de plus élémentaire c'est-à-dire cette notion d'égalité. L'autre objectif est d'apprendre aux enfants, dès la maternelle, à vivre ensemble non seulement dans les locaux scolaires mais aussi d'une part dans les activités qui sont organisées par l'École, en particulier les voyages et les classes d'environnement, et, d'autre part, grâce aux activités de l'aménagement du temps de l'enfant, activités de caractère plutôt associatif. Donc, non seulement de faire en sorte qu'ils puissent travailler ensemble mais qu'ils puissent aussi prendre contact avec le monde associatif de la ville. Il y a aussi un autre objectif qui est celui de ramener les enfants vers l'École, en particulier dans les quartiers défavorisés, c'est-à-dire qu'ils aient envie de venir à l'École et de faire en sorte que toute leur scolarité se place sous le signe évident que l'École non seulement leur fait plaisir mais qu'elle leur est utile et qu'elle va leur ouvrir des horizons évidents, à leur échelle.

Je résume rapidement ces objectifs parce que c'est véritablement là le cœur du débat que nous avons eu quand nous avons commencé à mettre en place toute cette organisation. J'ajouterai que c'est aussi une autre ambition que de donner aux enfants, on l'a évoqué ce matin, une nouvelle culture aussi, bien que cette organisation n'aille pas sans poser un certain nombre de problèmes vis-à-vis de l'exploitation classique des instructions officielles. Alors, pour cela, nous avons eu divers stades et je crois d'abord qu'on ne peut pas envisager de tels bouleversements sans s'appuyer sur l'histoire. Je ne vais pas vous raconter, rassurez-vous l'histoire d'Épinal mais nous avions effectivement une certaine vocation à aller de l'avant car, simplement, dès le XIXe siècle, on voit que la commune, seule, ou appuyée sur la Chambre de Commerce et d'Industrie, a été à la base de la construction de différentes Écoles. Je citerai quelques exemples : l'une des premières Écoles professionnelles, en dehors des Écoles d'arts et métiers, a été construite à Épinal dès 1827, une École d'ingénieurs textiles ou bien des classes préparatoires payées par la ville pour Saint-Cyr, les Mines, etc. dès le XIXe siècle au sein du collège communal ou également, dans un autre ordre d'idées, l'une des premières bibliothèques publiques de province construites in situ dès 1825. Mais au XXe siècle, on observe autre chose. Au XXe siècle, surtout après la Seconde Guerre mondiale et les destructions massives de la ville, il y a un effort de reconstruction des Écoles et immédiatement l'idée va germer qu'il ne faut pas seulement reconstruire ce qui existait mais aller de l'avant. C'est ainsi que, pendant les années 1950, on va construire des Écoles primaires avec gymnases couverts, ce qui était à l'époque quelque chose de relativement innovant. Dès la fin des années 1950, pratiquement toutes les classes des Écoles élémentaires vont faire des séjours de neige par le calcul du quotient familial, largement au bénéfice des familles puisque ce sont des activités qui, depuis le début, sont non pas gratuites, mais le sont quasiment pour les familles qui ont le moins de moyens. Il y a aussi les hasards de l'histoire qui ont fait que l'un des maires d'après-guerre, qui a eu trois mandats successifs, était un enseignant et que son adjoint, chargé de l'éducation, était lui aussi un enseignant. Le fait qu'aujourd'hui, depuis deux mandats, le maire soit Philippe Séguin, fils d'une institutrice ayant fait l'École normale de Draguignan, est important quand on réfléchit au problème de l'École. Il y a donc eu ces hasards, cette conjonction de personnages qui ont fait que, depuis pratiquement trente ans, il y a eu, sans arrêt, une poussée pour une École de plus grande qualité.

Comment cela s'est-il passé au début ? D'abord, en dehors des classes de neige dont je parlais tout à l'heure, il y a eu la gratuité complète du matériel depuis plus de trente ans dans les Écoles de notre ville. Il y a aussi un apport de matériel et un apport dans l'environnement scolaire de l'enfant très important puisqu'actuellement un élève d'École maternelle revient à peu près à 5 800 F par an et un élève d'École élémentaire à peu près à 2 000 F dans une École classique, sans expérience de temps scolaire. C'est largement au-dessus des moyennes que l'on observe, que l'on peut observer par ailleurs. Il y a donc eu un gros effort qui s'est notamment manifesté dans l'enseignement des langues vivantes, depuis 25 ans, à Épinal. C'est-à-dire que depuis 25 ans, nous avions des gens spécialisés, depuis la maternelle, sur l'enseignement des langues vivantes. Autre exemple : après la guerre, nous avons fondé une École nationale de musique. Cette École a eu pour objectif de pouvoir disposer aussi de moniteurs musicaux dans les Écoles de la ville. Ces actions ont constitué le premier stade.

Le deuxième stade a consisté à pouvoir mettre des crédits au bénéfice de la découverte, c'est-à-dire qu'on a essayé d'agir dans les secteurs où une commune peut agir. Notre attitude a été de dire que, si la classe voulait faire des voyages éducatifs, nous paierions la plus grande partie de la facture. Actuellement, chaque classe de CP, CE1, a droit à un voyage régional ; chaque classe de CM a droit à des voyages à Paris, à la Cité des Sciences etc. Tout cela est gratuit. De la même façon, nous avons fortement développé toutes les classes de découverte, toujours dans un but d'égalité. Il n'y avait pas de raisons que des enfants soient exclus de voir de nouveaux paysages et restent chez eux, dans l'ordinaire de la quotidienneté. Nous avons donc développé les classes transplantées et actuellement, bon an mal an, une vingtaine de classes partent dont la moitié à l'étranger. Nous avons, en particulier, développé les échanges avec le continent Nord-Américain : tous les ans, actuellement, trois classes partent aux États-Unis pour 21 jours et une classe part au Canada, à l'aventure, dans des tribus d'Indiens. Pour vous donner une idée de l'effort financier, la famille, dont le quotient familial est le plus faible, paie, tout compris, 98 F pour un séjour de 21 jours. Nous avons également une classe qui va partir à Prague, d'autres en Allemagne, en Angleterre dans le cadre du développement des langues vivantes et enfin les classes habituelles, les classes de nature, d'environnement, les classes de neige. Tous ces voyages sont soumis à l'imagination et à l'appréciation des enseignants.

Troisième effort : l'aménagement du temps de l'enfant. L'idée a été de casser d'abord le rythme de l'année, c'est-à-dire que l'on allait organiser la semaine d'une autre manière en faisant simplement 22 h 30 d'enseignement scolaire normal et 7 h 30 sur des activités de culture ou des activités de sport. On a mis à disposition des classes 180 moniteurs culturels ou sportifs sur à peu près 70 disciplines différentes à parité pour le sport ou la culture. Cela fonctionne actuellement pour environ 1500 enfants, dix Écoles. Ensuite de créer des classes avec des spécialités, des Écoles avec des spécialités sportives, avec des horaires là aussi aménagés dans la semaine, des Écoles avec des spécialités de musique, par exemple, avec l'intervention de l'École nationale de musique et avec des programmes scolaires légèrement réduits. Dernière touche dans l'ensemble, c'est tout l'aspect périscolaire : garderies, très importantes, préscolaires ou post-scolaires, tutorat avec des enseignants rémunérés par la ville et qui font du tutorat dans les familles, aide aux devoirs dans les centres sociaux, études dirigées jusqu'à 19 h le soir de façon, là aussi, à pouvoir soutenir l'effort des enfants. Cet investissement de la commune double le budget de dépenses obligatoires d'une ville comme la nôtre.

(Applaudissements)

M. Letourneux

Merci Monsieur Grasser.

Je vais passer la parole à Monsieur Beaulieu Vice-président du Conseil Régional de Poitou-Charente, représentant le Président Raffarin, pour le point de vue régional.

M. Beaulieu, vice-président du Conseil Régional de Poitou-Charente.

Merci Monsieur le Président et, je vous le promets, je serai bref. Je vais essayer d'apporter le témoignage de cette nouvelle entité territoriale qu'est la région. Je suis vice-président d'une petite région qui est la région Poitou-Charente, qui a moins de 2 millions d'habitants et, pour vous en situer l'importance, 120 lycées.

Je vous dirai tout d'abord que nous consacrons un tiers du budget de la région, qui est d'un milliard cinq millions, simplement aux lycées. Donc, vous voyez le point très important que nous attachons à cette action en direction de l'éducation. Je crois en effet que l'importance de la question scolaire dans l'opinion d'aujourd'hui doit être rattachée à une donnée fondamentale, l'inquiétude face à l'avenir, car nous sommes dans une situation nouvelle marquée par l'érosion de la certitude du progrès. La modernisation de nos pays s'accompagne d'exclusion et de marginalisation sociale. Dès lors, les comportements et les attentes changent car l'heure est à l'anxiété et, d'un individualisme optimiste, conquérant, offensif, nous sommes passés à un individualisme défensif, menacé, anxieux vis-à-vis de l'emploi. Dans l'impitoyable confrontation qui caractérise nos sociétés modernes, l'École apparaît comme la première arme, à la fois pacifique et absolue, face à ce défi posé par les dangers de déchirure intérieure, face à la pauvreté, face à l'exclusion.

Dans ces conditions, une des grandes priorités de notre action doit être de développer les formations car pour s'adapter aux nécessités économiques et sociales et éviter par là même de fabriquer de futurs exclus, l'École doit assurer les apprentissages fondamentaux essentiels à toute vie sociale et professionnelle, même, et peut-être surtout, à l'ère de l'informatique. C'est par la maîtrise des langues, l'apprentissage de l'expression à la fois lue et parlée, que l'on pourra se mettre à l'heure des réalités du marché du travail de demain. Le défi de l'emploi et de l'exclusion renvoie à une des données essentielles qui est la capacité de mettre en phase les différents acteurs du monde éducatif et économique de l'ensemble de la nation. Il faut que l'École noue des liens plus étroits avec le monde de l'entreprise et le monde des collectivités locales, en somme avec son environnement car l'un des maux dont souffre le système éducatif est sa coupure avec un certain nombre de secteurs qui composent la réalité économique et sociale de notre pays. L'ouverture des établissements scolaires et universitaires sur leur environnement est souvent trop limitée, de même que le partenariat entre chacun des établissements et les institutions et organismes voisins, tels que les collectivités territoriales, les entreprises, le monde du travail en général. Mais l'objectif de la formation doit être l'épanouissement de l'individu dans son environnement économique et social et la possibilité d'entreprendre des activités contribuant au développement économique et social est une dimension essentielle.

Cet objectif d'épanouissement, à travers des activités et des réalisations, est d'autant plus important que la rapidité de l'évolution technologique et la compétition économique, donne une nouvelle dimension à la formation. Une dimension éthique, d'une part, si nous voulons assurer l'égalité d'accès à la formation et à l'emploi et prévenir les échecs scolaires qui se transforment en échecs sociaux. Une flexibilité nécessaire, une adaptabilité d'autre part qui puisse faire face à ce qu'on appelle la révolution de l'intelligence. Autonomie, adaptation, innovation, créativité, sont devenues les mots clés de la formation. Il devient dès lors nécessaire, pour nos sociétés, de compléter le système éducatif qu'elles ont édifié patiemment au fil du temps par un nouveau système harmonieusement articulé au premier mais proposant une expansion des savoirs tout au long de la vie et une ouverture plus forte du système éducatif sur son environnement.

C'est une donnée fondamentale car l'École et son environnement, qu'il soit urbain ou rural, sont deux des vecteurs les plus puissants du progrès social et les dernières décennies ont été malheureusement marquées par le développement de nouvelles formes de ségrégation et d'exclusion, renforcées par la crise économique qui secoue les économies occidentales. L'École est le service public le plus implanté localement, le plus réparti sur l'ensemble du territoire et, dans les zones défavorisées qui ont perdu leurs repères, l'École devient le repère majeur en tant qu'institution en tant que premier service public de proximité.

Il devient donc fondamental d'articuler la politique de l'environnement et la politique de l'enseignement. L'École doit devenir porteuse d'espoir dans son environnement et doit donc renforcer son partenariat avec ce qui l'entoure et renforcer son propre projet éducatif. C'est en fonction de ce partenariat que l'École peut être porteuse d'actions périscolaires mais aussi de relations privilégiées avec les familles, les adultes, les associations, créant une dynamique qui se traduit par des résultats en termes scolaires, en terme de réduction d'écart scolaire mais aussi par des résultats sensibles dans le fonctionnement des quartiers ou de l'environnement rural. Dès lors, l'École apparaît comme un lieu de formation et un pôle de développement économique et d'aménagement du territoire fondamental. L'École doit permettre de renforcer les liens entre le monde de l'éducation et le monde du travail, mais aussi devenir un lieu de rayonnement culturel sur le quartier, la ville, la région. Cette ouverture sur l'environnement implique un partenariat fort entre les entreprises, l'École et le lycée devenant un centre de ressources technologiques et de transfert de savoir vers les P.M.E. et P.M.I., en particulier en milieu rural. L'École devient, dès lors, un élément structurant essentiel du territoire et contribue à la politique d'aménagement du milieu urbain et rural. L'implantation, dans les petites villes, d'établissements offrant un échantillon suffisamment large de formations, y compris post bac, permet, d'une part de rapprocher l'offre de la demande, de réduire les inégalités d'accès à la formation et, d'autre part de maintenir, dans ces villes, des lieux d'animation économique et culturelle.

Il importe donc que les choix de formations prennent en compte les besoins du bassin de formation et que se tisse un réseau de pôles de compétence bénéficiant à leur environnement. À une époque où chacun reconnaît que toute demande de développement doit être fondée sur la fertilisation de la matière grise, l'École peut devenir un levain de progrès, une maison de l'intelligence. En maillant le territoire, l'École devient certes un pôle de développement économique mais aussi participe à la reconversion dans les zones rurales où elle contribue à l'animation. Elle devient le centre de qualification du territoire et souvent, surtout en milieu rural, la dernière digue contre l'exode des populations.

L'École doit s'ouvrir aussi en direction des associations et devenir un centre de projets et d'initiatives, en particulier sur le plan culturel, en devenant un véritable pôle de création et de diffusion particulièrement dans les zones rurales où elle est un centre d'animation irremplaçable.

C'est dans cet esprit que, depuis plus d'un an, le Conseil Régional Poitou-Charente a mis en place de nouvelles dispositions d'animation de la vie lycéenne permettant aux jeunes des lycées d'accéder aux moyens nécessaires à porter leurs projets. Le contrat lycéen pour l'initiative et la participation a pour but de contribuer à la réalisation de projets culturels sociaux, techniques ou sportifs présentés par des groupes de lycéens et d'apprentis. Le soutien aux projets innovants des lycées a pour but d'aider toutes les initiatives nouvelles formulées et proposées par les établissements. La découverte de nouvelles sociétés et l'apprentissage des langues étrangères sont également aidés, de même que l'apprentissage de l'expression télévisuelle par la diffusion d'une émission télévision de lycéens sur FR3 qui a fait connaître les initiatives des élèves en permettant l'expression des acteurs.

Il était également important de structurer l'espace économique et culturel. La mise en réseau des centres de documentation et d'information, le développement des télécommunications interactives, les rencontres et les échanges réguliers entre les partenaires éducatifs ont permis une meilleure circulation des expériences et des innovations. Ce réseau devient, dès lors, la meilleure voie permettant simultanément d'agir proche et de voir loin, de rester dans son environnement mais d'ouvrir et d'élargir son horizon.

La mise en œuvre du plan régional de développement des formations professionnelles a pour corollaire la définition d'un plan d'action pour l'information et l'orientation. Dans le cadre du contrat de plan, l'État et la Région soutiennent des projets visant à :

— transformer et sensibiliser les jeunes et leurs familles aux métiers porteurs,

— proposer des outils d'information, de conseil, accessibles et attractifs.

C'est ainsi que la Région s'est dotée d'un outil d'information professionnelle et d'orientation modulable et évolutif au service d'une politique globale d'information auprès de ces publics sous la forme d'un « Village des Filières », présentant :

— les caractéristiques économiques de notre région,

— le poids relatif des secteurs d'activités qui définissent son identité,

— l'évolution des métiers qui les alimentent.

C'est un outil pédagogique efficace et performant dans le processus de construction du projet personnel des jeunes, dans le rapprochement de l'École et de l'entreprise et dans le développement d'une stratégie de l'orientation professionnelle scolaire continue.

La loi de décentralisation a permis de mieux préciser les règles du partenariat État-Région dans le domaine éducatif. L'État doit conserver la maîtrise générale des formations, de l'élaboration des programmes et de la délivrance des diplômes ainsi que la gestion des moyens en personnel avec le Rectorat et la Direction Régionale de l'Agriculture et de la Forêt. Parallèlement, la Région doit poursuivre l'actualisation des schémas de formation, élargis à l'ensemble des formations initiales et professionnelles, en y associant étroitement les différentes composantes du monde socio-économique et la concrétisation de ce partenariat, Rectorat-Région, se verra réaliser dans la négociation des contrats d'objectifs négociés entre les branches professionnelles. Conjuguant intelligence et espace, l'École devient la vraie charpente du territoire et, en liaison avec les autres pôles de développement, ce réseau devient créateur des richesses de l'avenir.

Je vous remercie.

(Applaudissements)

M. Letourneux

Merci M. Beaulieu. Je voudrais rappeler en huit phrases ce que j'ai retenu des propos de nos intervenants.

— La première intervention, celle de M. Billiet : coresponsabilité des familles.

— La seconde : la nécessité de l'engagement personnel avec un refus de la fatalité selon M. Grandamme.

— La nécessité d'accompagner et de théoriser, dans l'intervention de Mme Casanova.

— La nécessité d'une typologie et d'éviter de s'en tenir à la surface des choses, selon Mme Buy-Trong ;

— L'appel à la responsabilité des uns et des autres, dans l'intervention de M. Todd avec, en plus, la nécessité de restaurer l'autorité en matière d'enseignement.

— M. Grasser nous a rappelé que l'État doit impulser des politiques et nous a parlé davantage en perspective de déconcentration, en déclinant localement les impulsions de la Nation.

— M. Beaulieu nous a mis sur le plan de l'éthique, gage de cohérence ; mais l'inquiétude vis-à-vis de ceux qui ne réussissent pas, l'échec scolaire est devenu synonyme d'exclusion. Cela était très important dans les propos de M. Beaulieu.

Je passe maintenant la parole au représentant de M. le Ministre de l'Éducation nationale.

M. Marcel Duhamel, inspecteur général, Directeur des Écoles, représentant M. le Ministre de l'Éducation nationale

Plaçant l'École « au cœur du territoire » ce colloque nous invite à répondre à deux types de questions, les unes d'ordre spatial, et touchant aux rapports que notre École entretient avec son milieu, les autres de portée essentielle qui évoquent sa contribution aux fonctions vitales du pays.

Par l'ampleur de ses effectifs autant que par son emprise symbolique, l'École occupe en France un espace considérable. Ouvrant ses portes de plus en plus tôt aux élèves de la maternelle (à peine à deux ans dans les situations les plus inouïes !) elle ne cesse de voir se prolonger la cérémonie des adieux au point que le nombre d'élèves ayant atteint leur majorité civile rejoint aujourd'hui celui des enseignants tous degrés confondus. Seize millions d'élèves et d'étudiants, soit les trois quarts de la population active employée, occupent l'espace où se décide la pérennité de notre société.

Cette exceptionnelle expansion du champ éducatif, inscrite désormais dans le cadre de la décentralisation, s'accompagne d'une importante mutation des comportements, corrélative de l'autonomie des établissements. Éducation et formation se définissent de plus en plus en termes de complémentarité, de partenariat, d'ouverture qui nécessitent, pour l'ensemble des degrés du système éducatif, un cadrage plus charpenté et plus opératoire, de leur mission commune.

Essayons dans un premier temps, et pour l'ensemble des implantations territoriales de l'Éducation nationale, de déchiffrer le rapport entre cette mission et son expression humaine matérielle, visible dans l'ensemble du pays.

Un bref regard rétrospectif nous montre que, dans les étapes décisives de son affermissement, la République s'est fortement identifiée à la communale, hébergée dans un édifice stéréotypique composé d'une mairie, flanquée de ses enfants jumeaux, École des filles, École des garçons. Cette image uniforme, répétitive, inscrivait dans la brique ou la pierre un message d'unicité étroitement associé au rôle que la France entendait assumer dans une Europe conquérante.

De quelle image sont aujourd'hui porteurs nos Écoles et nos établissements, dans un pays qui a fait le deuil d'un nationalisme belliqueux et qui s'est lancé dans la construction européenne ?

Si l'on emprunte au géographe une grille d'analyse « territoriale » de l'École, essayons de voir à très grands traits, comment l'École se présente dans l'espace français.

1) La facette existentielle : la plus forte marque d'appropriation, l'identité, le nom donné aux implantations scolaires, reflète toutes les variétés et strates de la culture nationale. Mais au-delà des noms propres donnés aux établissements, dont la distribution reste à étudier, la connotation d'ouverture sur l'avenir devient de plus en plus présente dans le discours de l'autorité territoriale, régionale notamment, qui bâtit en nombre des « **lycées du futur** ».

2) La facette physique : très liée aux sédimentations historiques (qui ne reconnaîtra, même de loin, un lycée des années 60 avec ses toits en terrasses d'un bout à l'autre du pays, ces collèges à la fois représentatifs d'un formidable effort de démocratisation et d'une construction à marche forcée).

Cette allure physique ne correspond désormais plus à un modèle d'architecture scolaire parfaitement typé. Pour les implantations récentes les plus nombreuses, les lycées, on a pu avancer qu'elles empruntent davantage au champ économique par la ressemblance recherchée avec les sièges sociaux d'entreprises « high-tech ».

Les aménagements intérieurs, outre le câblage permettant de banaliser les salles quant à tous les usages possibles des moyens de communication moderne (la parabole surmontant l'édifice) portent la marque de recherches, souvent abouties, pour offrir aux élèves des conditions de travail et de vie scolaire qui soient le moins en rupture possible avec les normes les plus courantes de la vie sociale (self service, agora...).

C'est l'aspect le plus avenant de l'ouverture de l'École aux modes de vie contemporain qui, dans certains quartiers périurbains, devenus difficiles doivent trouver les réponses au delà des exigences d'entretien et de sécurité auxquelles les collectivités se sont attelées de façon souvent exemplaire.

3) La facette organisationnelle :

Il s'agit cette fois d'apprécier le rôle et l'influence

des acteurs sociaux actifs au plan des pratiques territoriales.

Dans le milieu rural profond, deux attitudes sont à l'œuvre et se traduisent dans l'espace :

— la mort tranquille et ses manœuvres de retardement : désaffection scolaire et Regroupement Pédagogiques Intercommunaux dispersés, témoins de l'abandon des campagnes et des tentatives désespérées qui le précède ;

— une tentative structurante d'un « pays » regroupant dans une enceinte moderne les services scolaires et périscolaires (Bibliothèque Centre Documentaire, cantine...) tenant lieu de tête de réseau des implantations écartées. C'est évidemment dans cette configuration que l'ouverture de l'École sur son milieu trouve sa meilleure expression : soit dans l'accompagnement culturel de sa mission essentielle (en collaboration avec le collège), soit dans un aménagement permettant à ses structures associées de rendre des services à toute la communauté.

Dans le rural périurbain, le gommage des caractéristiques « campagnardes » achève d'assimiler les implantations scolaires au modèle urbain, moyennant toutefois un accent fort pour l'accueil pré- et post-scolaire, pour la restauration, conséquence du mode de vie de familles rurbanisées.

En zone périurbaine, le pôle d'animation que représentait l'École primaire en phase d'expansion des grands ensemble (lieu chargé d'intérêt pour des populations jeunes, dynamiques, voulant que ça marche pour leurs enfants, animant autour de l'École des associations...) a vécu.

Dans le cadre de la politique de la ville, l'École primaire voit s'amplifier le contenu éducatif de son rôle scolaire, assortie d'une forte composante de prévention sanitaire.

C'est davantage vers le second degré, qui porte désormais la charge scolaire et en partie sociale la plus rude de ces grands ensembles qu'un regard nouveau doit aujourd'hui se tourner.

Très majoritairement, et sur l'ensemble des implantations, il serait injuste de ne pas reconnaître que les collectivités territoriales ont assumé leurs responsabilités de façon efficace. L'École s'est réellement ouverte. Les élèves ne franchissent plus les murs de l'établissement pour les seules « sorties scolaires » mais aussi pour participer à des manifestations culturelles, médiatiques où liées à l'environnement, pensons à l'exceptionnel succès des « mille défis » en réalisant des prestations de qualité.

Si l'École fait bonne figure sur l'ensemble du territoire, ce visage avenant ne doit toutefois pas dissimuler les questions, les sollicitations pressantes voire les critiques qui sont adressées au système éducatif et qui demandent réponse.

Il en est de sérieuses qui attestent d'une relation ambivalente à l'égard de l'École dans la responsabilité à l'égard du chômage, qu'on s'efforce parfois de lui imputer, alors qu'on lui intime, dans un même mouvement, de ne s'occuper que d'assurer la seule formation générale nécessaire.

Plus grave encore est la stratégie de dénigrement qui lui a été appliquée par l'accusation de reproduction d'une hiérarchie sociale conservatrice, dans le moment même où elle accomplissait le plus exceptionnel effort de démocratisation jamais enregistré dans le pays. Stratégie du soupçon qui ne s'est pas limitée à cette attaque frontale mais qui s'est associée à une tentative d'instrumentation qui, en fin de compte, réduisait l'École à l'auxiliariat d'une ambition exclusivement économique tournée vers la performance, sacralisant la conquête des marchés mondiaux et un modèle de réussite sociale orné du cocktail bien connu du luxe et de la volupté.

Son ambition est d'une autre matière : assurer la transmission des connaissances et des valeurs qui ont façonné l'identité nationale et préparer les enfants à l'exercice de la citoyenneté, c'est à dire à résoudre dignement les problèmes qui leurs seront posés.

Et quels problèmes ! Aurions-nous jamais imaginé que les fondements biologiques de l'humanité puissent être modelables et que nous puissions courir le risque de les manipuler ? Aurions nous jamais imaginé que la nature puisse être fragile, et que nous ayons à prendre en charge son destin ? Aurions nous jamais imaginé qu'en réponse à l'effondrement du communisme, son rival, aujourd'hui vainqueur, nous propose un modèle de société multi-groupal, simple gestionnaire des rapports entre communautés ?

Ces enjeux dépassent à l'évidence les compétences de l'Éducation nationale mais sa fonction propre lui confère une responsabilité éminente à leur égard : l'École doit en effet répondre aux générations précédentes et répondre pour les générations à venir.

Cette double exigence s'exprime en mesures d'organisation, en termes législatifs traduisant les fins en moyens. Mais elle se traduit aussi en termes de conscience qui se posent à tous les acteurs du système éducatif dont l'horizon dépasse le domaine des savoirs : les valeurs ne se transmettent pas par la voie réglementaire. Même s'ils figurent dans l'arrêté des programmes de l'École primaire, « *le devoir de respecter les autres et le droit d'être respecté soi-même* » ne s'acquiert pas comme la conjugaison du verbe aimer.

Il ne peut toutefois appartenir à l'École seule de définir les valeurs qu'elle doit transmettre et qui doivent atteindre le plus haut degré de consensus du pays. C'est une tâche difficile à laquelle s'est attelé le groupe de travail public, initié par le Nouveau Contrat pour l'École et qui doit, sous l'autorité du professeur Casanova, préciser ce que la Nation entend demander à l'École en matière de transmission des valeurs communes des Français.

Les travaux de ce groupe devraient, croyons-nous, confirmer le sentiment que s'éloigne de plus en plus le débat qui oppose les tenants d'une École cantonnée aux quartiers de l'instruction à ceux qui estiment qu'elle se doit aussi d'éduquer. La consultation de l'ensemble des enseignants du premier degré sur les projets de programme pour l'École primaire est à cet égard parfaitement claire. Alors que les voix s'élevaient, en nombre, à l'encontre d'une éducation civique jugée trop ambitieuse en matière de connaissances sur nos institutions, pas une seule opposition à l'égard de la partie la plus innovante du programme qui développe concrètement cette idée-force du Nouveau Contrat pour l'École : le développement d'une morale de la responsabilité.

C'est un signe important, loin d'être d'ailleurs isolé, qui appelle tous ceux qui ont charge d'élèves à oser éduquer.

La seule force de la raison ne peut suffire à l'assimilation des règles de la vie sociale, des interdits absolus à l'encontre du meurtre, du viol, de tout ce qui attente à la dignité humaine. Il n'y a pas de place à l'École pour un débat, ni même pour une question qui mettrait en balance une attitude pas du tout, un peu, très hostile aux étrangers.

À l'École, on ne se moque pas de quelqu'un qui a un nom bizarre, parce que le maître ne l'accepte pas et parce qu'il ne le fait pas lui-même.

À l'École, on n'est pas raciste. C'est comme ça. Et pourquoi c'est comme ça ? parce que la loi l'interdit. À l'École, on cultive l'art de se tenir et de bien vivre ensemble, la politesse.

C'est aussi parce qu'ils apprendront que tous les hommes sont égaux et comment ce grand principe s'est incarné dans les idéaux de la Révolution française que les élèves de dix ans comprendront, probablement plus tard, un des fondements de la République.

Arrêtons-nous un instant sur la condition de l'enfant de ce point de vue. Est-ce en faisant mine de les considérer comme des citoyens qu'ils ne sont pas que nous les préparons à cet exercice futur ?

Hannah Arendt qui étudiait au milieu des années cinquante la crise de l'éducation dans la société américaine développait à ce propos une analyse très intéressante. Devant cette tentation de considérer le monde des enfants comme une société qu'on doit, dans la mesure du possible, laisser se gouverner eux-mêmes, c'est le groupe des enfants qui devient le dépositaire de l'autorité qui dit à chacun d'entre eux ce qu'il doit faire ou ne pas faire. Être minoritaire par rapport à un groupe est-il moins lourd à porter qu'être sous l'autorité d'un adulte ? L'autorité du groupe est d'autant plus tyrannique qu'il ne peut s'y soustraire pour aller vers le monde des adultes qui lui est interdit. La seule réaction possible face à cette contrainte conduit alors soit au conformisme soit à la délinquance soit à un mélange des deux.

Troublante prémonition quand on analyse, dans la relation pédagogique, la réserve que s'imposent, dans nos Écoles, les élèves les plus capables pour ne pas se démarquer du groupe ou les rapports complexes qu'entretiennent entre eux auteurs et victimes du racket !

Troublante réflexion pour toute une génération qui a plus ou moins pensé qu'il y avait un rapport direct entre le développement de l'autonomie, de l'esprit d'initiative et l'abstention de l'autorité des adultes !

L'apprentissage la liberté, dans l'enfance, peut-il se passer de la rencontre avec la loi, égale pour tous, incarnée dans la ferme et bienveillante protection de leurs enseignants, ici représentants de l'État ? N'est ce pas ainsi que doit être conçue la mise en œuvre concrète des règles relatives au respect des convictions de chacun ?

N'est-ce pas en fin de compte par référence au principe de laïcité, fixé par la loi, repris par la Constitution (dans le préambule de 1946) que les relations au sein du groupe des élèves, lorsqu'elles touchent à la liberté de conscience doivent s'établir ?

Rappelons-nous les paroles fameuses : *« parlez avec la plus grande réserve, dès que vous risquez d'effleurer un sentiment religieux dont vous n'êtes pas juge [...] vous ne toucherez jamais avec trop de scrupule à cette chose délicate et sacrée qu'est la conscience de l'enfant »*.

Pour signifier tout son potentiel éducatif, l'expression contemporaine de la laïcité impose de la même façon, à l'intérieur de l'École, que les élèves s'abstiennent de toute démonstration ostentatoire de leurs convictions religieuses, ainsi, plus généralement de tout acte de prosélytisme afin précisément de ne pas porter atteinte à la liberté de conscience de leurs camarades.

Transposer didactiquement ce principe, être compris d'élèves très sensibles à tout ce qui touche à leur liberté n'est pas simple et appelle un soutien sans faille aux enseignants, aux chefs d'établissement dans la mise en œuvre de ce principe simple : *à l'École, chacun doit respecter la liberté de conscience des autres par une attitude générale de discrétion.*

Par son fonctionnement même, autant que par les

savoirs qu'elle dispense, l'École éduque la personne et le citoyen. Notre position a changé, l'éducation nationale ne peut plus être ce lieu neutralisé de façon aseptique mais l'endroit où s'éprouvent, **dans le respect de règles du jeu qu'il nous appartient de définir,** l'initiation à la responsabilité que peuvent représenter, parmi tant d'autres actions, la publication de journaux scolaires, la formation des délégués des élèves pour qu'ils puissent jouer pleinement leur rôle dans un espace de réelle formation à la démocratie.

Ainsi répondrons-nous aux générations qui nous ont précédé en conduisant les enfants qui nous sont confiés sur les chemins de la citoyenneté en faisant, en apprenant, en réfléchissant sur ce que l'on fait et sur ce que l'on apprend, en agissant sur soi-même.

Enseignants, nous sommes les premiers concernés par le passage entre l'ancien et le nouveau. C'est en assumant le monde tel qu'il nous a été donné mais aussi tel que nous l'avons fait, en assumant le rôle qui nous revient à l'égard de nos élèves que nous pouvons répondre de leur avenir et réfléchir au devenir de notre système éducatif. Le passé nous intéresse profondément, non pour y trouver la solution des problèmes d'aujourd'hui ou à venir, mais parce qu'il nous enseigne que rien n'est fatal.

(Applaudissements)

TROISIÈME AXE DE RÉFLEXION

« En quoi, à quel prix, et à quelles conditions l'École peut-elle mieux contribuer à la formation et au développement des individus, des citoyens de tous âges et de territoires, dans un contexte institutionnel et politique en évolution ? À quelles attentes doit-elle répondre ? »

M. Le Drian, ancien ministre, maire de Lorient, inspecteur général, membre de la commission.

Il me revient d'engager l'axe prospectif. Par ailleurs j'ai une fonction double : j'animerai cette table ronde et apporterai également un témoignage, celui du maire d'une ville moyenne.

Je ne reprendrai pas tout ce qui a été dit par mon collègue d'Épinal ; je reviendrai sur certaines de ses interrogations.

Un événement est passé inaperçu au moment du débat sur la loi d'orientation et d'aménagement du territoire, c'est son article 1 centré sur l'éducation et le savoir. C'est une grande nouveauté.

« La politique d'aménagement du territoire, a pour but d'assurer à chaque citoyen l'égalité des chances sur l'ensemble du territoire et de créer les conditions d'un égal accès au savoir. »

C'est la première fois qu'on met l'École au centre de l'aménagement du territoire par ce texte.

La deuxième observation que je veux faire m'est

venue à la lecture d'un ouvrage de Bernard Charlot « *École et Territoire* » où il conclut sur la multiplicité des interventions des collectivités territoriales — et l'exemple d'Épinal est cité —, il conclut donc : « ***L'École est un lieu à prendre*** et si des mutations fortes ne sont pas prises il y a un risque d'émiettement très fort ».

Ces deux observations un peu théoriques, je les ressens comme maire, de manière très profonde. Cela fait douze ans que j'exerce ce mandat et j'ai constaté en douze années une mutation considérable de la place du système éducatif et de la formation dans les préoccupations d'un maire.

Il y avait la place des Écoles primaires dont nous avions la charge, charge que nous accomplissions de manière convenable.

À Lorient, comme à Épinal d'une autre façon, nous prenons des initiatives. Depuis douze ans une accélération considérable : la mise en œuvre de la décentralisation en particulier nous a amenés les uns et les autres à intervenir dans les collèges pour la construction, la participation plus ou moins forte aux constructions, à nous intéresser aux lycées en relation avec la Région et du même coup à nous interroger sur l'environnement pédagogique dans ces deux types d'établissement qui ne sont pas de notre compétence.

En outre d'autres initiatives sont apparues qu'il a fallu gérer : la mise en place des missions locales, par exemple, le décloisonnement du système éducatif qui interpellait les maires et les enseignants et également d'autres partenaires qui ont été évoqués ce matin : la mise en place des Z.E.P. en est l'illustration, le développement des quartiers où il fallait que les élus interpellent les uns et les autres pour décloisonner et faire en sorte que des soutiens complémentaires aient lieu.

Et il y eut aussi pour les villes le développement de

l'enseignement supérieur. J'ai la chance d'être dans une ville qui vient de bénéficier de la dernière université en date, il y a trois jours, résultats d'une collaboration avec la Région et les autorités académiques.

En tout état de cause, depuis douze ans le paysage éducatif a été complètement bouleversé et nous sommes au cœur d'un système qui est devenu un imbroglio. Nous avons des interlocuteurs différents suivant les sujets. Cela n'est plus tenable. Ce matin M. Ferry disait que les enseignants dans les collèges ne connaissaient pas les programmes des disciplines voisines ! Imaginez naturellement notre responsabilité quand il y a cet ensemble-là. Il faudrait que nous soyons en mesure de décloisonner, de prendre en charge la lutte contre les inégalités, avec des soutiens nouveaux que nous apportent la Région puis l'État. Nous sommes dans une situation qui, si elle ne donne pas des cadres nouveaux, aboutira à la formule de M. Charlot « l'École est à prendre » !

Pour ma part, en tant que maire et après ces expériences, je suis preneur d'une nouvelle forme d'organisation, d'une autonomie **contractuelle par pays,** fixant les responsabilités des uns et des autres et permettant un véritable exercice de la démocratie et d'une véritable ouverture.

La loi sur l'aménagement du territoire, Mme Lecocq représentant M. Paillet vous en parlera plus savamment que moi, si le titre est exceptionnellement prometteur, malheureusement sa déclinaison en est un peu courte. Elle offre énormément de perspectives puisque le titre II ne reconnaît pas le « Pays » comme zone efficiente ou pertinente d'intervention au niveau économique mais également au niveau de la formation du système éducatif. Par ailleurs, tout au long de ce texte, le bassin d'emplois est repéré comme le lieu où l'on peut agir. Quand on lit également les 155 décisions du Ministre de l'Éducation nationale, on s'aperçoit que la notion de bassin d'emplois se trouve présente. Aussi, n'est-il pas temps de se lancer dans une déclinaison plus ample, une autonomie plus contractualisée en laissant à l'État les trois fonctions : programmes, diplômes et enseignants ; mais en donnant localement, au bassin d'emplois des structures à proposer, la souplesse nécessaire pour éviter que les strates successives qui se sont mises en place depuis 1983 donnent lieu à un paysage un peu plus structuré.

Ce qui m'amène à une autre observation, également sur le fond. Je crois qu'à plusieurs reprises on a dit qu'il y avait une crise de légitimité de l'École qui est intervenue dans le fait que l'espace de référence n'est plus identifié, du fait que la contradiction soulevée par M. Duhamel entre deux cultures, celle de la formation générale qui forme des citoyens au métier d'homme et la culture à l'exercice d'une pratique professionnelle, n'a jamais été, elle, bien assumée. Et, au moment où la crise des valeurs a été la plus forte tout le monde s'est tourné vers l'utilitarisme de l'École, le diktat économique. Et comme nous étions en pleine crise ; l'École n'a pas su régler le problème. Elle a été chargée du même coup de tous les maux ; un double discours, celui des chefs d'entreprise : l'un **« cette tâche-là est la nôtre, laissez nous jouer notre rôle »** et l'autre qui consiste à dire « L'École doit trouver sa place là-dedans et être efficace **dans les réponses »**.

Vu la crise et la crise des valeurs nous n'avons pas été à même de répondre à tout cela, même si aujourd'hui je suis assez d'accord avec ce que disait M. Todd ce matin, **« elle reprend un peu de couleurs ».**

La refondation de l'École, sa relégitimation ne peuvent-elles pas passer par l'affirmation d'une sphère éducative et de formation professionnelle par bassin d'emplois, par Pays, contractualisant avec la Région seulement et l'État, à la fois au niveau de l'enseignement supérieur et de la formation professionnelle mais également au niveau de la sphère éducative, permettant d'avoir des conseils qui fonctionnent plus démocratiquement et ainsi à la démocratie de se faire et permettant aux échanges à tous les niveaux de se produire sans lourdeur ?

Je ne sais plus qui ce matin, parlait des Z.E.P. ? Je crois que c'était Mme Bui-Trong commissaire de police, faisant état du nombre d'intervenants pour chaque affaire ou projet à mener. On se trouve en général en face de quarante ou cinquante personnes, car chaque administration et chaque partie du système éducatif a ses représentants. Comment les collectivités locales peuvent-elles s'y retrouver et aboutir à un décloisonnement ?

Enfin, une dernière remarque sur la crise de l'École que j'avais déjà indiquée. Une des raisons de la déligitimation, sauf pour ceux qui vont jusqu'au bout, on ne sort pas directement de l'École sans passer par un sas varié qui permet d'être intégré dans un bassin d'emplois, pour éviter ce sentiment d'une École qui ne mène à rien.

Je pense que, comme l'École primaire a fondé la République, un système éducatif, de *pays*, de bassin d'emplois permettra de la refonder : identifier le système éducatif avec la notion de *pays,* raison d'une cohésion sociale, est la condition de la réussite. Il existe maintenant des appartenances puisque le schéma d'aménagement du territoire permet que dans un délai d'un an il soit établi et déterminé.

Puisqu'il est prévu des directions territoriales d'aménagement — il y en a une pour l'enseignement supérieur —, puisque le concept de pays et de bassin de vie est reconnu par lui, puisqu'il existe des schémas de formation pour la Région, puisqu'à la base on a développé les projets d'établissement, toutes les composantes, tous les ingrédients existent, à condition de faire preuve d'un peu d'audace, afin que l'École soit relégitimée, et pourquoi ne pas mettre de cohérence ?

Voilà quelques observations que je voulais formuler après plus de dix ans d'expérience de maire. Monsieur le Recteur Frémont je vous passe la parole.

(Applaudissements)

M. Frémont, Recteur de l'académie de Versailles

Merci de bien vouloir m'entendre cet après-midi sur les notions de territoire et d'École. Il y a là un fort bon thème, l'École, cœur du territoire et je m'interroge volontiers en mobilisant une expérience de recteur des académies de Grenoble et de Versailles, dans des milieux combien différents, et bien sûr ma propre culture.

Je voudrais prendre un point de vue si vous retenez des propos qui ont été dits, une perspective de géographe, car c'est ma vocation première.

On peut essayer de chercher quel est le territoire de l'École, pas seulement celui lié à ceux qui ont la tutelle de l'École, mais celui, tel qu'il est vécu par les enseignants et enfants qui vont à l'École de la maternelle à l'université.

Je dirai que, pour reprendre un certain nombre d'expressions qui ont été données et qui ont été analysées et pour donner ma propre analyse, fondamentalement, ce territoire est un **territoire trouble**. Il n'est pas seulement trouble par la seule nouvelle donne institutionnelle mais sur le fond des choses et des hommes parce que le système de relation des hommes à leur territoire, des petits hommes à leur territoire, a fondamentalement changé. Ne faisons pas trop d'histoire, mais l'École de la République a été fondée sur une trilogie qui « tenait remarquablement debout » pour l'époque : c'était la trilogie de l'**École**, du **département** et de la **commune** où chacun pouvait se reconnaître, puisque la commune est pour les français, héritière des paroisses, une très vieille entité à partir desquelles le local est très facilement accessible.

L'**École communale** est évidemment une entité forte de la République, pas seulement de façon institutionnelle mais dans ses contenus pédagogiques, car la commune a été, de la part de ses instituteurs et de ses enfants, de véritables **objets d'étude** et qui correspondaient à leur genre de vie même. Qu'on se réfère par exemple à un certain nombre de chefs-d'œuvre de géographie : les monographies communales faites au début du siècle par les instituteurs. Et cela a permis l'enracinement dans le local, la diversité des communes françaises.

Au-dessus, l'État portant sa charge d'universalité, de citoyenneté, d'ouverture par rapport à ce que la commune a d'enfermement. Et l'État portera sur toute la France, par constitution circadienne, particulièrement les valeurs universelles, compléments indispensable de la commune, non seulement institutionnelles par la sauvegarde d'éléments d'égalité, mais également pédagogiquement pour compléter ce que la commune comporte d'enfermement.

Le **département** est une entité intermédiaire qui est le chef-d'œuvre de la conception française ce qui explique sans doute pourquoi cette entité a peu d'éléments comparables dans le monde et dans les pays voisins, et parce qu'aussi les Français y sont attachés. C'est parce qu'il est une synthèse et un équilibre remarquable entre les deux pôles que je viens de présenter, émanation de la République et de l'État et en même temps expression des particularités locales, égalitaire et libertaire, ce que les français aiment par-dessus tout.

Cet espace, qui est classique de l'École, tel que je l'analyse, est profondément troublé par les bouleversements des trente dernières années. Il est facile de le montrer. D'un point de vue institutionnel s'ajoutent au moins trois entités supplémentaires sans qu'on ait supprimé les entités antérieures :

— l'intercommunalité qui a un rôle très important dans la gestion scolaire ;

— la région qui a pris une place éminente dans l'édification des institutions scolaires ;

— l'Europe qui est un espace de référence supérieur qui s'impose aux citoyens de la République et qui intervient dans les processus scolaires par des fonds particuliers, multiples, dans les L.E.P., l'École, jusqu'à l'université.

L'École n'a plus trois tutelles mais six, dans lesquelles on essaie de jongler. Et je comprends la perplexité de Monsieur le Maire, M. Le Drian, dans cet espace devenu beaucoup trop compliqué dans ses emboîtements multiples.

Faut-il considérer qu'ils doivent être simplifiés ? Il faut le dire, essayer de le faire, mais j'ai quelques doutes sur la réalité finale de cette simplification car nous sommes dans un espace européen, français, où depuis longtemps on a tendance à ajouter des institutions et non pas à les retoucher. Elles retombent d'elles-mêmes, au bout d'un siècle ou deux de leur belle mort ! Je ne sais pas dire, dans ce bel édifice, lequel partira le premier, mais je suis sceptique pour penser que cet emboîtement se trouvera simplifié par voie législative. Je pense même qu'il résistera très fort car cette complexité est la complexité même de la vie contemporaine, et, pour le citoyen ou le jeune qui a connu cet espace, c'est la richesse, la diversité, l'emboîtement, le complexe même de cet espace qui n'est plus celui du petit paysan ou de l'ouvrier de banlieue de la fin du XIXe siècle qui accédait à un emploi à 20 ou 40 kilomètres de chez lui et par lequel l'espace de vie allait se construire entre ces deux pôles-là, celui de l'origine et celui du travail. L'espace contemporain des fréquentations des uns et des autres, mais aussi espace économique, est un espace plus complexe et finalement, au risque de ne pas être d'accord avec M. Le Drian, il ne se résume pas seulement au bassin d'emplois locaux, il se complexifie finalement. Je vais même tenter d'ajouter un septième espace, nous sommes tous devenus des citoyens d'un système « Monde ». Même si l'on est dans un petit quartier de banlieue, on est rythmé par une série de décisions boursières qui se prennent de Tokyo à New York, à Paris ou à Londres, et il y a, à notre porte, l'ensemble des contraintes.

Je suis frappé de pouvoir dire que nous avons, à l'heure actuelle, par le nombre de jumelages de nos établissements, des échanges qui vont d'un continent à l'autre. Cet espace-là est complexe, à emboîtements multiples, et ne pas le voir serait commettre une faute par rapport à l'École.

Mais le rôle de l'École est de faire comprendre, alors je ne voudrais pas résoudre le rôle de tutelle, mais il y a des spécialistes qui peuvent parler de ces thèmes et agir plus en géographes et pédagogues pour dire ce que doit être le cœur du territoire, c'est-à-dire l'apprentissage du territoire, dans ce qu'il a d'essentiel, ce qu'il y a peut-être de vrai à la fin du siècle dernier, dans cet espace témoin, mais aussi dans le vaste et compliqué monde contemporain.

Il me semble que l'essentiel c'est un jeu dialectique qu'il faut savoir mener et comprendre entre les valeurs de l'enracinement dans le local, dans ce qui attache et qui se trouve au cœur de l'humanité, et son contraire, la volonté de partir, de s'ouvrir et d'être universel, c'est-à-dire entre le **village** et le **voyage**.

Et l'École est bien cela, et plutôt que de lui faire le procès parce qu'elle serait trop ceci et pas assez cela, elle doit être les deux composantes à la fois et doit s'interroger sur l'apprentissage qu'elle est capable de donner sur ce qui attache à la commune, au pays, et l'autre part qui doit être dépassée pour une intégration plus large, une ouverture de l'esprit et du cœur.

Il ne s'agit pas là d'un programme de géographie que je définirais, ce serait trop me restreindre, mais je pense que ça peut être mieux que cela. L'École est fondée sur un certain nombre de disciplines. On l'a bien senti dans les précédents exposés et interventions, mais il y a de grandes transversalités que l'on sent de plus en plus nécessaires dans les apprentissages fondamentaux, qui sont aux confins de l'instruction et de l'éducation et auxquels nous ne pouvons pas nous dérober : la citoyenneté, la culture, l'environnement, l'entreprise.

On peut prendre l'un ou l'autre de ces thèmes qui sont actuellement au cœur de la préoccupation de l'École : ne parle-t-on pas plus ou moins de ces thèmes à l'École, au collège, ou au lycée ? Il me semble que chacun peut être décliné sous ce double langage de « cœur du territoire », « sens de l'environnement et sens de l'ouverture ».

Je ne voudrais pas le faire pour les quatre niveaux, mais je vais tenter de prendre un exemple qui me tiennent particulièrement à cœur : c'est celui des banlieues en difficulté, où se posent chaque jour des problèmes de société, d'ordre, à l'intérieur des établissements.

Il est clair que s'il faut sévir, nous le faisons, mais c'est par une politique de prévention que l'École peut remplir son rôle en ce domaine et qu'elle doit intervenir pour développer des actions avec des partenaires qui sont la justice, la police, la santé publique. Il faut le faire bien sûr dans le quartier. Cela n'a de sens que dans le concret. Pour ces populations qui sont trop facilement claustrées, confinées sur elles-mêmes, il faut le faire avec les autorités de police et de justice enracinées dans le quartier. Mais, se limiter au quartier serait une erreur profonde, et ne pas voir que derrière cela il y a des valeurs universelles qu'il faut apprendre aussi ailleurs et qui peuvent expliquer que quelques-unes des actions qu'on a pu avoir c'est de jumeler des Écoles de quartiers en grande difficulté avec des Écoles, des collèges du Sahel africain où les problèmes de populations qui en apparence se ressemblent ont donné valeur universelle à des échanges communs.

Je crois que ce que j'ai décliné sur un point je pourrais le refaire sur l'environnement, l'entreprise ou la culture. L'École doit être universelle plus que jamais dans ses territoires et pour cette raison, elle ne doit pas avoir peur d'être singulière.

(Applaudissements)

M. Feneuille, Directeur de Recherches de « Ciments-Lafarge », ancien directeur du C.N.R.S.

Je vous dois un premier aveu : par mon premier métier je suis citoyen du monde et par mon second je suis directeur d'une entreprise multinationale. Vous comprendrez bien que l'aménagement du territoire n'est pas au centre de mes préoccupations ? Aussi je me demande ce que je fais ici ?

Ce qui est au centre de mes préoccupations c'est l'emploi. Il a donc à faire au centre de ce colloque. Et l'emploi vu sous l'angle d'un chef d'entreprise. Nous allons retrouver le vieux débat, la vieille querelle, (j'ai entendu les mots de querelle) économique. Je me sens le représentant du luxe et de la volupté ! J'ai senti revenir la vieille querelle entre la culture générale et la formation professionnelle. J'espère que mon exposé vous surprendra un peu en ce domaine.

Il s'agit d'une querelle qui a été profondément renouvelée par ce véritable scandale qu'est le chômage des jeunes, aujourd'hui dans notre pays. Je crois que, s'il n'y a qu'un seul problème, c'est celui-là. Laisser un quart des jeunes hors du monde du travail, c'est plus qu'une faute, c'est un scandale.

Mais il y a plusieurs autres facteurs qui entrent dans le renouvellement de ce débat et l'apparition de nouveaux enjeux. Je crois que c'est la transformation profonde entre formation et emploi, transformation qui est mal acceptée. Le C.I.P. et le désordre qu'il a entraîné en sont un bon exemple car s'il est vrai qu'au plan macro-économique il y a des relations profondes entre le niveau d'emploi et la qualité de la formation, si cela reste une vérité pour économiste, cela devient de moins en moins vrai au niveau de l'individu et de la micro-économie. Il faut cesser de faire croire aux jeunes qu'en amenant 80 % d'une tranche d'âge au baccalauréat — une très grave erreur au plan politique à mon humble avis — on va les entasser dans les I.U.T. et on va leur donner un emploi. Il s'agit là d'une escroquerie. Il va falloir cesser de croire en cette vision purement mécaniciste : « Je prépare un diplôme ; cela me donne droit à un emploi, à une carrière ». Ceci est terminé. Cela restera peut-être vrai pour un certain nombre de concours de la fonction publique qui sont les derniers bastions de cette logique, mais aujourd'hui, partout dans le monde, elle n'est plus vraie, et essayer de la défendre c'est mener un combat d'arrière-garde.

Le deuxième élément qui renouvelle la relation formation professionnelle/emploi, c'est le fait que la stratégie des entreprises en matière de personnels a fondamentalement changé. Vous ne trouverez plus de chef d'entreprise qui demande que l'École fournisse un produit fini. Elles savent que ceci n'est plus possible pour la raison que ce produit n'cxiste pas et va être en mutation constante. Ce qu'elles demandent, ce sont des hommes et des femmes qui soient capables de changement car nous sommes en changement permanent.

Le troisième point, le plus important dans le changement de notre vie économique, c'est que nous sommes dans la troisième révolution. Nous sommes passés du secteur primaire au secondaire et désormais à celui **des services.** Ceci change tout. Déjà dans la comptabilité nationale, deux tiers des emplois sont des emplois de service.

En fait cette situation est très minorée. Une grande partie des emplois de l'industrie est déjà composée d'emplois de services. C'est moins de 10 % des effectifs qui sont consacrés à la production. Si nous allions dans une logique purement productiviste ce n'est pas trois millions de chômeurs que nous aurions mais cinq, sept ou huit millions ! Il faut bien voir que la plupart des emplois sont des emplois qui permettent à des groupes humains de fonctionner. Et c'est l'harmonisation de bon fonctionnement des groupes humains qui permet de fonctionner et de créer des emplois au niveau de la société ou des entreprises.

Les statuts du service et du savoir-faire deviennent totalement différents dans un problème d'emplois de services par rapport à un problème d'emplois industriels. Nous avons encore à cet égard une logique du XIXe siècle, une vision préindustrielle, alors que c'est une logique du relationnel qui s'impose : le passage du « hard » vers le « soft ». Nous allons vers le « soft ».

Comme le disait M.B. (qui fut entre autres Directeur de l'A.N.P.E.) qui est président d'une grande entreprise, ce que je demande à mes caissières, *« C'est de savoir dire bonjour »* ! Ceci est une grande leçon sur ce qu'on va attendre dans l'entreprise de l'enseignement. Naturellement c'est très caricatural.

Je voudrais décliner ce qu'est aujourd'hui l'homme au travail. Il y a beaucoup de facettes, mais j'en vois au moins six.

1 — **L'homme au travail manipule de l'information** et c'est tout. Les travaux pénibles ont disparu ou pourraient disparaître. Ceci suppose de disposer de langages, de savoir communiquer. Ce n'est pas tout d'avoir la perception ou la maîtrise du langage mais de savoir utiliser le langage en situation et d'avoir l'écoute de l'autre, du récepteur dans une logique non pas tournée vers soi-même, mais tournée vers l'autre. Cela me paraît essentiel.

2 — **L'homme au travail doit savoir disposer d'un minimum d'outils et de méthodes** pour traiter l'information. Aujourd'hui nous gavons les lycéens d'outils et de méthodes d'une sophistification extrême qui ne sont plus utilisées en situation. Je ne voudrais pas être nostalgique, mais je me demande combien d'élèves titulaires du baccalauréat savent reconnaître dans un problème de trains qui se croisent ou de baignoires qui se vident, une équation du premier degré ?

On place les élèves dans des situations théoriques où des concepts très simples apparaissent comme d'une difficulté insurmontable et ils ne sont jamais mis en situation. Combien d'élèves savent lire une courbe, un graphique ou un histogramme et j'irai même plus loin, combien de médecins savent lire une analyse médicale ? Je sais qu'il n'y en a pas 10 % !

Donc nous avons des outils, des méthodes, des langages sophistiqués qui ne sont plus mis en situation qui permettraient d'être utilisés là où on en aura besoin. Restaurons le concret, et c'est un ancien physicien qui vous parle !

3 — l'**observation et la mesure**. D'autres l'on déjà dit, Pierre Gilles De Gennes passe son temps à le dire — mais le fait qu'il faille en France un prix Nobel pour restaurer la leçon de choses ! — savoir regarder, savoir observer, ce sont des notions élémentaires. Mais prenons toute une classe de bacheliers, combien savent faire ces choses élémentaires, et combien sont utilisables non pas dans l'entreprise mais simplement dans la vie de tous les jours ?

4 — J'en arrive à la **formation professionnelle** : technique et savoir-faire. La plupart des métiers comportent une part de technique et une part de savoir-faire. Les techniques et savoir-faire sont devenus de plus en plus restreints. Certes il restera le secteur de **l'artisanat**, un certain nombre de métiers très techniques, mais ceux-ci représentent une infime minorité, je ne dis pas qu'il faille les ignorer, mais fonder l'École sur cette petite minorité serait une grave erreur. Quant à vouloir que l'École assure l'ensemble de toutes les formations professionnelles, ce serait une impossibilité compte tenu de l'évolution des techniques. Compte tenu également de la rapidité avec laquelle les investissements deviennent obsolètes, comment l'École peut-elle apprendre à travailler sur des machines à commande numérique ? Quand je vois certains lycées professionnels — il y en a certes qui sont très bien, mais pour combien de temps ? — peut-on vouloir que l'Éducation nationale soit une copie conforme des entreprises ? Laissons-les apprendre le métier dans l'entreprise.

Je ne vais pas sortir mon propos sur l'appre
mais qu'on laisse aux entreprises à apprendre à
prendre et à apprendre à travailler et qu'on laisse
substrat à l'École.

5 — Nous allons vers une société de services, **où le relationnel** va être fondamental, le rapport à l'autre surtout. La formation professionnelle sera la formation aux attitudes et aux comportements. Je sais bien que les enseignants y répugnent sous le prétexte de la prétention de l'élève. Je suis moi-même un ancien instituteur, élève des hussards noirs de la République ! Quelles précautions ne prenait-on pas pour ne pas toucher à l'enfant ? Mais quand même ! Apprendre un minimum de politesse, un minimum de courtoisie, est-ce que c'est beaucoup demander à l'enfant ? Est-ce que c'est toucher à l'individu, briser ses capacités motrices ou créatrices ? Je ne le crois pas si l'on considère que son insertion est aujourd'hui un problème majeur ; l'attitude et le comportement face à l'autre doivent devenir un des problèmes fondamentaux de l'École.

6 — Il a été développé tout à l'heure, c'est celui **des valeurs**. On en fait un faux problème idéologique. On a confondu intoxication avec simplement enseignement du bon sens. Voici une phrase de Christian Beullac en 1987 : *« Une sorte de crainte du ridicule empêche-t-elle de dire à l'École, et ailleurs, ce qu'est l'effort, l'esprit d'équipe, le plaisir de faire, le goût de la compétition ? Est-il dérisoire de parler de bons sentiments, de générosité, de courage, d'altruisme, de dévouement ? Est-il bon d'évoquer officiellement l'exercice de la volonté, les modalités de l'organisation ou de la discipline du groupe, l'intérêt général ? »* Ces questions restent complètement d'actualité.

Que voulons-nous, nous, responsables d'entreprises ? Une École qui « donne » des citoyens. Il ne faut pas opposer le citoyen et l'*homo economicus.* Nous avons besoin d'hommes complets, d'êtres sociaux, socialisés, capables de communiquer, d'échanger, d'interagir les uns sur les autres. Laissez-leur apprendre un métier, ils auront de toutes façons trois fois à changer de métier dans une vie. Ils n'auront été préparés qu'au tiers du chemin par l'École. Nous préférons que ce soit le sol, l'humus qui soit riche pour construire, plutôt que de pseudo-formations professionnelles qui ne règlent pas le problème de l'emploi. On a vu il y a cinq ans, une proposition d'augmenter d'ici à l'an 2000 le nombre d'ingénieurs ; or nous avons aujourd'hui mille ingénieurs sans emploi ! Cessons d'avoir une vision mécaniciste à la façon du XIXe siècle et commençons à entrer dans le XXIe !

(Applaudissements)

Mme Lecoq qui représente **M. Paillet délégué à l'Aménagement du Territoire** retenu inopinément par une réunion à Matignon.

Je regrette l'absence de M. Paillet qui aurait pu vous faire partager sa très forte conviction de l'École dans la formation à la citoyenneté et dans l'aménagement du territoire.

Je vais tenter d'expliquer le lien entre « aménagement du territoire » et « système de formation », et répondre à Jean-Yves Le Drian sur le plan de la formation dans la loi sur l'Aménagement du Territoire.

Un bref historique pour rappeler ce qu'est la D.A.T.A.R. qui a en charge l'aménagement : soixante chargés de mission ; pour la formation, deux personnes seulement mais le rôle au sein de l'appareil d'État peut-être important à travers les C.I.A.T. (Contrat Interministériel à l'Aménagement du Territoire).

Elle a été créée sous le Général de Gaulle avant la décentralisation et ses effets, quand les choses étaient simples : des routes, le plan autoroutier breton, des équipements structurels comme Fos-sur-Mer, des infrastructures et du béton. Avec la gestion des reconversions industrielles, d'industrialisation et reindustrialisation, nous avons acquis une culture du développement industriel.

Puis la question de l'**immatériel** est remontée dans tous les contrats de plan 83-89 à travers les équipements des lycées et la recherche, à partir de la construction de l'enseignement supérieur. Entre-temps le plan Universités 2000 a constitué une pression forte sur l'aménagement du territoire demandant de prendre en charge le Supérieur, alors que, dans le plan précédent, il n'était que marginal. Nous retrouvons ainsi dans l'actuelle génération des contrats de plan un poids très important de ce qui est immatériel devenu la seconde priorité, la seconde importance, immédiatement après le domaine routier ; il est même passé devant l'agriculture qui était une très grosse consommatrice de crédits.

Ainsi une montée du « soft » avec une difficulté culturelle de gestion pour la D.A.T.A.R. et l'appareil d'État qui étaient peu habitués à gérer ce genre de crédit.

Faire une loi n'est pas un exercice nouveau au bout de trente ans de fonctionnement.

Et la loi que nous avons préparée comme une loi d'aménagement du territoire a, en cours de route, beaucoup changé. De quarante articles elle est passée à quatre-vingt-trois et elle est devenue, après débat parlementaire « développement du territoire » c'est-à-dire un développement endogène.

Cette loi a été précédée d'un grand débat dans les régions, sur la cohérence nationale et l'emploi. Dans les réponses rapportées des régions, la question de l'accès et de l'égalité à la formation a été posée de façon fort claire.

Nous avons réalisé une synthèse de ces contributions au débat et nous avons travaillé avec le ministère de l'Éducation nationale. J'ai regretté que M. Duhamel qui est intervenu tout à l'heure ne parle pas des travaux menés ensemble pour faire avancer le débat. Nous étions dans notre tradition D.A.T.A.R. lié au monde rural. Nous sommes allés plus loin sur la valeur du moratoire et sur le rôle des collèges comme centres de ressources en milieu rural.

Mais, dans la loi cela n'apparaît pas très bien et je suis de l'avis de Jean-Yves Le Drian pour l'article 1 « Décrire les conditions d'un égal accès au savoir... », ensuite on ne parle que de l'enseignement supérieur (Art 12).

Nous avons aussi comme outil de travail pas seulement les lois, mais aussi les C.I.A.T. La gestion de l'École rurale a été abordée en C.I.A.T., non seulement pour faire la méthodologie d'un schéma d'aménagements régionaux de la recherche et de l'enseignement supérieur mais avec une implication forte des collectivités locales et des milieux économiques et le rôle des lycées (avec des S.T.S.) dans le développement économique régional. Nous avons également fait un colloque avec la D.L.C. à Poitiers.

Nous avons également, dans le cadre des programmes européens dont nous sommes en charge, un apport sur le rôle des systèmes de formation et de recherche dans le développement des P.M.E. et P.M.I. où nous avons vu le rôle des lycées qui possèdent des sections de B.T.S. Ainsi, dans le document intermédiaire, pour préparer la loi d'aménagement du territoire nous avons souligné le rôle des lycées technologiques dans le maillage (L.P. et L.E.P.). Nous sommes en train d'approfondir ce point avec la D.L.C. qui nous paraît important dans le développement régional. Nous étions donc à Poitiers car nous savons que le Poitou-Charente accorde une place importante au développement des lycées.

Rapidement, pour répondre à la question de la dimension territoriale la plus pertinente : il y a superposition de la cartographie, les bassins d'emplois, les pays, dont on ne voit pas bien quels ils seraient, la question des bassins de formation, un pôle technologique ? Quelle peut-être la réalité territoriale ? Dans les schémas de l'enseignement supérieur nous invitons les partenaires infra-régionaux à s'organiser au sein de conseils d'orientation de site, on parle aussi de pôle technologique. Quelle réalité territoriale est recouverte ? On ne sait pas répondre. Il faut que les élus locaux répondent en fonction des niveaux de formation.

Pour l'École une réponse intercommunale est à proposer ; pour les collèges une autre réponse, pour les lycées et l'enseignement supérieur des dimensions plus larges. Pour l'enseignement supérieur et la recherche (et les lycées) nous avons hésité sur la dimension du conseil d'orientation et nous l'avons laissée à l'appréciation du préfet et du recteur, car *in fine*, c'est bien aux élus régionaux à décider de décider entre eux.

Dans le cadrage national nous donnons des indications sur la nécessité de la cohérence territoriale, la dimension des sites et des indicateurs sur l'interrégional absolument nécessaire.

On a évoqué tout à l'heure la liaison entre le ***village et le voyage*** **c'est le problème qui se pose,** compliqué à gérer, entre l'université de proximité qui invite à rester au *village* mais il faut garder à l'esprit la nécessité du monde extérieur, du *voyage*.

(Applaudissements)

Dernière table ronde animée par M. Jean-Claude Guérin, inspecteur général de l'Éducation nationale, membre de la commission Décentralisation et Enseignement

M. Guérin

L'après-midi correspond à une application des rythmes scolaires ! Nous allons entrer tout de suite dans le vif du sujet.

En quoi, à quel prix, et à quelles conditions l'École peut-elle mieux contribuer ***à la formation et au developpement des individus,*** **des** ***citoyens*** **de tous** ***âges*** et de ***tous territoires,*** **dans un contexte institutionnel et politique en évolution ? à quelles attentes doit-elle repondre ?**

Cette table ronde, venant en fin de colloque, doit situer cet échange par rapport à quelques interrogations de ce matin et des éléments apportés cet après midi. En particulier, en fonction de vos situations, que demande-t-on à l'École ? Que faut-il lui demander ? Faut-il éviter (et comment) la surcharge des demandes ?

À partir de votre position d'élu, de responsable d'organisme, de représentant institutionnel, de conseiller, comment appréciez-vous le rôle actuel de l'École dans ses dimensions de formation de l'individu, de développement économique et d'expression culturelle ?

Ces dimensions se conjuguent-elles, s'ignorent-elles ou s'opposent-elles ? Comment ?

Bien sûr il faut situer cette demande en fonction du « territoire » : mais ce territoire, quel est-il exactement ? La journée ne semble pas avoir apporté de définitions très précises. En reprenant une définition d'Armand Frémont, ne peut-on le définir comme « **un**

espace vécu ET construit, approprié par ceux qui y vivent et s'y reconnaissent » ?

Mais alors ne faut-il pas définir, et c'est sûrement fondamental pour l'École, non pas un mais différents territoires qui s'emboîtent comme cela a été dit : local, régional, national, européen. Comment peuvent-ils s'articuler ?

Pour chacun de ces territoires, quelles sont les attentes, individuelles et collectives, qui s'y expriment et comment définissez vous les attentes auxquelles l'École doit répondre ? Ne peut répondre ? Ne doit pas répondre ? Comment voyez vous l'évolution souhaitable de l'École et l'évolution possible ?

Un « lien » existe entre différents participants à cette table ronde : Monsieur le Député Brianne est président du C.R.I.D.E.L. dont Monsieur Parthenay est le Directeur ; le C.R.I.D.E.L. a joué un rôle important dans la mise en œuvre de la Charte pour l'École initiée par le Parc Naturel du Vercors, (dont Monsieur Parthenay fut le Directeur) et que Monsieur le Recteur Frémont a encouragée ; Monsieur Gorgeu a participé, comme Monsieur Parthenay, à l'Université d'automne du Parc du Vercors ; Monsieur Daniel Flamand représente le Région Centre qui participe aux activités du C.R.I.-D.E.L. et Monsieur Hemez est l'inspecteur d'académie de l'Aveyron, dont Monsieur Brianne est le député ; quant à Monsieur Guérin il a suivi à la fois les activités du C.R.I.D.E.L. et l'initiative du Parc du Vercors... en termes de projet de territoire.

Nous avons peu entendu ce terme dans la journée et vous avez réemployé le terme de projet d'établissement que l'on avait, lui, un peu entendu : donc quels sont les problèmes, quelles sont les articulations qui se cachent derrière ces termes ?

Au point où nous en sommes, il s'agit de situer cet

échange par rapport aux interrogations de toute la journée que je recenserai en deux formules :

— Que demande-t-on à École ?

— Que faut-il lui demander en ayant à l'esprit la notion de surcharge ?

et, à ce moment du colloque, situer ces demandes en fonction du ou des territoires. Je me permettrai de faire une citation qu'il n'a pas faite, du géographe Frémont « *Le territoire est un espace vécu et construit approprié par ceux qui y vivent* ».

Si je pose la question par rapport aux différents niveaux abordés, local, régional, européen, national, quelle est exactement la définition et donc quels sont les problèmes posés quand on parle de territoire ? De quel territoire parle-t-on ? Et à quel niveau ? On ne peut pas penser l'École indépendamment des territoires emboîtés, donc quels sont les différents territoires posés automatiquement à l'École ? Et je pose la question par rapport à une question posée par Luc Ferry, la ***« question du socle commun »***. Si l'on ne pose pas la question du socle commun à partir du niveau d'une École territorialisée on ne sait pas quels sont les éléments du socle commun par rapport aux différents niveaux de territoire.

Il me semble que les intervenants de cet après-midi peuvent, en fonction de leur expérience et des analyses qu'ils font, nous apporter des éléments de réponse à cette question.

Enfin, dernier problème, difficile à aborder en raison du peu de temps, **« Quelles sont les attentes qui s'expriment sur le territoire et en fonction du rôle et des formations que nous attribuons à l'École ? Je veux dire » : Qui formule les attentes ? Qui les traite ? (qu'il s'agisse d'attentes individuelles ou collectives)**

Qui choisit ? Qui est capable de dire L'École peut ou ne doit pas y répondre ?

Chacun des participants, compte tenu de sa responsabilité, illustre bien les différents points de vue et échanges que nous voulions avoir entre des élus, des représentants d'organisme d'expertises, de lieu d'expertise et de confrontation.

M. le député vous avez la parole.

M. Brianne, député de l'Aveyron

Effectivement il y a des complicités ! Quelques mots. Je suis parlementaire, mais au nom de mes responsabilités nationales qui résultent de mon engagement local, non pas au nom des collectivités territoriales car je ne cumule pas les mandats, mais de mes responsabilités en milieu associatif qui s'intéressent au développement local. Car il y a des gens qui en font depuis des décennies, sans qu'il y ait de lois votées pour cela !

Notre vieux pays redécouvre les territoires ! Je voudrais dire mon accord, bravo aux initiateurs de ce colloque qui ont choisit ce thème : l'École est au cœur du territoire, du village, de la commune et cela quel que soit le niveau !

Car qu'attendons-nous de l'École ? C'est de préparer l'enfant à la citoyenneté avec tout ce que cela comporte, avec l'apprentissage des connaissances, des savoirs, mais aussi de la vie sociale qui débute dans la famille, puis à l'École, puis dans la société. Et c'est le premier apprentissage de la démocratie.

Il ne peut pas y avoir d'apprentissage à la citoyenneté s'il n'y a pas une coopération entre la famille et l'École, une vraie complémentarité. Chaque communauté — la famille est la première et l'École la plus proche de l'enfant...

Il y a un socle qu'il faut bâtir et qui conditionne l'avenir de l'enfant. Il serait dommage qu'on ne fît que l'apprentissage des savoirs à l'École. Le reste est indispensable pour avoir un citoyen éprouvé et développé et capable d'exercer ses responsabilités.

L'École a un rôle essentiel car elle est porteuse de l'avenir de nos communautés humaines. Elle est chargée de l'investissement immatériel, le devenir de chaque être.

Elle doit porter toutes les valeurs fondamentales, tolérance, liberté, solidarité qui fondent les communautés humaines avec en plus le souci d'intégrer les évolutions technologiques. Elle est l'outil majeur de la cohérence d'un territoire.

À condition d'être ouverte sur la vie locale avec un véritable partenariat avec tous les acteurs, collectivités ; entreprises et tout le monde du travail.

(Applaudissements)

M. Gorgeu représentant de Mairies-Conseils

Mairies-Conseils est une structure au sein de la Caisse des dépôts qui agit comme conseil sur des groupements de communes. Avec la fédération des Parcs elle a pris l'initiative d'un travail de recensement d'initiatives privées sur le terrain par des chefs d'établissements (lycées, lycées professionnels, lycées agricoles) qui vont dans le sens d'une articulation entre l'établissement de formation et le développement local du pays, territoire, bassin, l'objectif étant de valoriser des actions actuellement prises en relation avec le territoire.

Une dizaine de sites ont été relevés à travers la France. Le travail actuel consiste en un inventaire. Ce qui apparaît : le degré d'articulation entre les établissements et le projet de territoire est variable selon qu'il y a un projet de territoire et qu'il y a un projet d'établissement.

On a ainsi des situations où se pose le problème du rôle de l'établissement, d'autres où il y a simplement des bonnes volontés, d'autres où il y a un projet d'établissement avec un chef d'établissement qui joue la locomotive, appuyé par des enseignants.

Les types de situation qu'on a pu repérer, à grands traits :

Premier type : les établissements participent à un projet global : Vercors les établissements se sont impliqués pour participer au milieu et à l'âme du territoire. L'ensemble des établissements recensés montre qu'ils sont plutôt dans les territoires en difficulté et très souvent les initiatives servent à la survie de l'établissement.

Die : lycée polyvalent du pays de Soule, pays Basque. Cet établissement joue un rôle majeur dans la création d'emplois et maintient la vie.

Sur des projets plus ponctuels : agricoles à Perigueux, en liaison avec les professionnels locaux, implication dans la création de la filière « palmipèdes ».

— Second type : établissements déclencheurs d'un processus de développement ; collège de Neuville-le-Roi, pays de Racan, qui y joue un rôle moteur important.

— Troisième type, l'établissement prestataire de service, qu'illustrent les propos sur le collège-centre-de service, pôle de compétences, au niveau d'un territoire. Dans la formation en langues, par exemple, jusqu'à l'accueil pour les associations locales.

— Quatrième type : établissement leader d'un projet territorialisé ; exemple : un établissement qui lance une opération Minitel Morvan pour diffusion de l'emploi local.

Dans tous les cas, dans toutes ces tentatives, il y a un problème de légitimité : de quel droit un chef d'établissement a-t-il pris telle initiative par rapport au territoire ou par rapport à une structure de l'Éducation nationale qui n'est pas porteur de ce projet ?

Quelques précisions.

— Des initiatives méritent d'être diffusées pour information : la façon dont se gère la participation et le partenariat entre les établissements et les autorités locales. Le Vercors, exemple idéal ; les accords du pays de Soul avec le groupement d'entrepreneurs locaux et le lycée.

Souvent les établissements sont limités dans les initiatives car ils n'ont pas réussi à trouver le partenaire qui leur convient ni les acteurs du développement.

L'intérêt de la légitimité et de la reconnaissance est important.

— La gestion des ressources humaines. Dans les dix cas répertoriés, le rôle des responsables des établissements est moteur. Qu'adviendra-t-il du projet du pays de Racan quand le principal partira ? Cela renvoie à des problèmes statutaires. Faut-il des postes à profil ? À quelles conditions cela est-il acceptable ? Jusqu'où aller sur le poste à profil ? Le chef ? L'équipe enseignante ?

Nous avons des réflexions et des suggestions à faire : il y a là la **notion de projet d'établissement**, chantier en accord avec le territoire qui devrait être le maître mot pour gérer ce genre de situation et les problèmes des personnels engagés dans cette opération. Au-delà de ce travail autour d'un chantier il y a des problèmes sur la mixité entre la *formation initiale* et la *formation continue,* le positionnement par rapport à un territoire. Cela implique de vivre sur un territoire dans des constats et des suggestions.

Enfin, la gestion des équipements et des installations. Exemple : un établissement accueille les associations locales, cela ne manque pas de poser des problèmes dans le fait que le gestionnaire accepte d'utiliser les locaux en dehors des heures normales d'utilisation, jusqu'aux problèmes illustrés par la responsabilité d'un principal pour des activités qui amènent de fait l'utilisation par des acteurs externes. Des initiatives ont été prises en la matière que nous allons tenter de valoriser et nous envisageons de sortir un document à la Documentation Française qui a pour ambition de donner des pistes d'orientation sans se cacher que des mesures organisationnelles permettraient de faire mieux. Des choix sont d'ores et déjà possibles quand les établissement sont d'accord pour travailler sur un territoire.

(Applaudissements)

M. Guérin

Merci vivement de votre témoignage dans lequel j'ai perçu un maître mot : légitimité, et les conséquences : poste à profil ? Qui doit faire quoi ? Quels enseignants pour quoi faire ? M. Flamand, vous qui avez exercé des responsabilités dans l'éducation et à divers niveaux dans la région Centre, vous avez la parole.

M. Flamand, ancien directeur adjoint des affaires scolaires de la région Centre. Actuellement Directeur de l'Aménagement du territoire de cette Région.

Je suis à la charnière du projet d'établissement et du projet de territoire : j'ai occupé pendant 3 ans 1/2 des fonctions à la direction des lycées de la Région Centre et je suis maintenant Directeur à l'Aménagement du Territoire.

Il est vrai qu'on a parfois des implications fortes de certains établissements dans le domaine du développement local ; vous avez cité celui du Pays de Racan, il y en a d'autres. Mais ce sont souvent des personnalités fortes qui sont à la tête des initiatives et je crois qu'il faut donc être très clair : on ne peut pas généraliser ce type d'activités en matière de développement local et personnellement je regrette qu'il y ait une aussi faible participation des établissements scolaires dans le développement local tel qu'il est mis en place par les Collectivités territoriales. En ce qui concerne la Région Centre qui comporte 6 départements il y a eu depuis plusieurs années une politique ambitieuse mise en place par l'exécutif, votée par l'Assemblée notamment dans les contrats de territoire qu'on appelle *contrats régionaux d'initiative locale* et récemment l'Assemblée vient de mettre en place un dispositif de *contrats de pays* qui a été voté à la quasi unanimité, qui va très loin puisque c'est une prime totale à l'intercommunalité pour essayer de faire du développement local. Or, comme par hasard dans les instances de consultation l'Éducation nationale est souvent absente et nous le regrettons.

J'ai également la charge de la politique de la Ville, malheureusement nous traitons les problèmes humains qui sont liés à l'échec scolaire notamment, et qui sont liés à l'exclusion. Le Conseil régional réfléchit depuis plusieurs semaines, notamment le vice-président délégué à l'aménagement du territoire proposera à l'assemblée régionale un dispositif d'aide d'insertion par l'économique relativement fort. Là encore nous nous heurtons à une absence de participation des institutions de l'Éducation nationale, et nous le regrettons. J'ai été, en ce qui me concerne, il y a une dizaine d'années, coordonnateur de zone prioritaire, on était des marginaux à l'époque parce qu'on voulait changer les choses mais malheureusement je dois dire qu'après dix ans de réflexion je reviens à la politique de la Ville, j'ai fait deux ou trois stages nationaux, je suis allé sur le terrain et on reparle des mêmes problèmes. Autrement dit on cause beaucoup, mais malheureusement on n'arrive pas à résoudre le problème.

Je crois que c'est un problème. En ce qui concerne la Région Centre, je dois dire que, pour l'École, nous voyons trois objectifs. D'abord préparer l'emploi futur. À quoi cela sert-il d'envoyer des gens en C.A.P. et en B.E.P. de bureautique en leur disant *« travaillez bien, faites-le en 2 ans, faites le en 3 ans, pour leur dire, quand vous avez le B.E.P., de toute façon on n'a pas de place pour vous en 1ère d'adaptation et on n'a pas de place en Bac professionnel. De toutes façons vous ne trouverez pas de travail ! »* Alors là, je partage tout à fait l'avis de Monsieur Feneuille : il ne faut pas leurrer les jeunes. Si nous voulons véritablement qu'ils s'impliquent dans la vie locale, si nous voulons qu'ils s'impliquent dans le développement du territoire, il faut leur trouver un emploi. Et si nous voulons que les enseignants effectivement participent à la vie locale, il faut qu'il y ait un dispositif qui le fasse, qu'ils soient intéressés et que ce ne soient pas des « turbo-profs ». Je suis un partisan des postes à profil. Il y a un besoin de réforme et il faut que le système éducatif évolue.

Quelqu'un a dit tout à l'heure que l'*École était à prendre* ; je crois qu'il faut réfléchir à cette affirmation : est-ce que l'École est toujours à prendre ? Et qui veut la prendre ? On arrive à une hétérogénéité extraordinaire ; tout à l'heure quelqu'un a dit : « *Eh bien, vous pensez les élèves ne savent pas se servir d'une machine à commande numérique* ! » Mais nous on a l'inverse ! Lorsqu'une collectivité territoriale joue le jeu, et c'est le cas de la Région Centre puisqu'elle a consacré pendant six ans **un** franc sur **deux** de son budget soit près d'un milliard de francs par an, à *ses* lycées technologiques. Nous avons des machines à commande numérique, et après nous envoyons les élèves en stages, et les maîtres de stage nous disent : « *Mais attention, nous on n'a pas ce matériel aussi moderne ! Il y a un décalage énorme entre ce qui se passe dans vos lycées techniques et ce qui se passe dans l'entreprise* ». Il faut savoir aussi que les emplois qui ont été créés en la Région Centre, l'ont été, pour un emploi sur deux, par des artisans, des P.M.E. et des P.M.I. Et c'est un problème qu'il faut bien prendre en compte. J'ai en charge la politique de l'artisanat actuellement au Conseil régional, ce problème nous ne pouvons l'ignorer. Certes, il faudra changer deux ou trois fois de métier, comme plusieurs d'entre nous dans cette maison ; il est vrai qu'il faut absolument permettre aux jeunes d'être adaptables, mais l'élément travail qui est fondamental, n'est pas le seul. Il faut prendre également en place l'éducation à la citoyenneté : le jeune qui deviendra citoyen, passera un tiers de son temps dans l'entreprise, mais le reste, il faut bien qu'il ait une vie familiale et sociale que l'on peut supposer heureuse. Et il y a également la culture générale : quand on est tout à fait au fin fonds du territoire, on ne peut pas traiter la culture de la même manière. Il est bien évident que l'École ne peut pas traiter les problèmes culturels de la même manière, vous vous en doutez, à Dreux, Chartres ou Montargis, les villes qui sont à 100 kilomètres de Paris en moyenne et dans le Boischaut sud, (pour ceux qui ne connaîtraient pas, c'est la limite entre la Creuse et l'Indre, c'est un paysage naturel dont les caractéristiques se rapprochent un peu du Vercors dont vous avez parlé tout à l'heure.) Or les initiatives restent relativement modestes. Je peux vous citer un exemple : lorsque j'étais Directeur du C.R.D.P. dans l'académie d'Orléans-Tours, avec le Conseil général qui s'était impliqué, avec les municipalités du Cher, nous avions monté un système où nous transportions des œuvres d'art dans les établissements du premier degré, avec une camionnette qui était mise à disposition par le Conseil général. C'était un employé du C.D.D.P. qui conduisait le camion ; nous avons amené la culture dans les petits villages, même à Épineuil, donc dans des villages isolés. On peut le faire, mais il ne faut pas croire qu'on va pouvoir le faire partout.

Pour résumer, il faut véritablement qu'il y ait une volonté des équipes pour participer au développement local, une volonté très forte des chefs d'établissement parce qu'elle n'est pas forcément acquise. J'ai en mémoire le cas d'un lycée, où la région a construit un site magnifique avec une salle magnifique d'exposition, et cette salle, le proviseur quand on lui dit « Mais ouvrez-la ! », dit « Qu'est-ce que vous voulez, je n'ai plus de personnel à partir de 17 heures ». Alors il y a peut-être une liaison à trouver avec les services de proximité, il faut peut-être s'organiser autrement ; il faut aussi dans ce cas-là, que l'établissement devienne un partenaire à part entière du développement local, et je dois vous le dire, sur le terrain, ce n'est pas le cas pour l'instant.

Philippe Hemez, Inspecteur d'académie de l'Aveyron

Je réagis sur deux thèmes : les « **contrats de pays** », des expressions différentes ont été employées à ce sujet, et d'autre part la relation formation-emploi.

Je suis dans l'Aveyron, un département rural, avec du rural profond, avec du rural plus actif, avec trois petites villes, trois villes moyennes, avec une plus importante Rodez, et un bassin minier, celui de Decazeville qui me fait penser à mon pays le département du Nord ; mais c'est actuel, là, si dans le Nord c'est un peu passé quand même. Je parle à partir de cette expérience, je suis dans l'Aveyron depuis deux ans. Monsieur Brianne disait tout à l'heure : « Notre pays redécouvre les territoires. » C'est vrai, je le constate quelquefois en Aveyron à la faveur de réactions brutales, vives, musclées, ici ou là, dans tel petit endroit ou tel autre. C'est vrai, mais c'est plutôt sur le mode de la défense, au dernier moment. Et c'est l'École souvent qui est porteur de tous les maux de la terre, alors qu'elle est restée, dans tous les cas que j'ai rencontrés jusqu'à présent le dernier service public présent, et quelquefois depuis longtemps tout seul, dans le village ou dans le bourg.

Nous faisons aussi, par rapport à ces situations, des regroupements pédagogiques : on en a beaucoup en Aveyron, on en a soixante-deux, on en aura soixante-dix à la rentrée 95. C'est difficile, et ces regroupements pédagogiques intra- ou intercommunaux, il y a de très, très grandes communes en Aveyron qui ont été regroupées il y a vingt-cinq ans, vingt ans ; c'est aussi difficile de faire un regroupement intracommunal qu'intercommunal et l'on tombe, sur ce qui a été excellemment dit ce matin, des paroisses. Il faut rassembler des gens qui se sont mis sous la bannière de clochers différents, c'est extrêmement difficile. Je rencontre beaucoup, beaucoup d'irrationnel par rapport à cela, alors que l'on vient avec les enseignants, les I.E.N., expliquer des choses dont on est pleinement convaincu quelquefois. Il faut que les élus, donnent de sérieux coups de mains, les élus départementaux, les élus nationaux — les élus locaux sont beaucoup plus empêtrés dans les paroisses, dans les communes.

Quatre réseaux sur les soixante-deux, quatre regroupements et réseaux fonctionnent actuellement en Aveyron un peu à l'image de ce que j'ai lu dans le dossier sur le Vercors, la Charte de qualité de l'École en Vercors. Je suis très heureux qu'il y en ait quatre : il y a eu création d'emplois par les maires dans deux de ceux-ci : des moniteurs, des intervenants en sport ou en arts, arts plastiques. Il n'y en a que quatre à ce niveau-là, et pour pouvoir aller plus loin, dans le cadre d'un contrat de pays, je reprends l'expression, il faut développer un projet éducatif local avec tous : les parents, au moins les parents élus, les élus, les enseignants, les associations, voire un certain nombre d'entreprises, les petites entreprises locales qui travaillent avec l'École habituellement. L'opération *la ferme à l'École* ou *les enfants chez l'artisan, l'École chez l'artisan...* ce sont des choses qui « roulent » déjà depuis longtemps. Je souhaiterais pouvoir développer cela avec la direction départementale Jeunesse et Sports sous l'angle de l'aménagement du temps de l'enfant. Il y a de nombreux contrats, y compris en zone rurale, et il n'est pas facile de trouver le financement dans les petits villages.

Très souvent je manque en tant que responsable de l'Éducation nationale des crédits de fonctionnement qui me permettraient d'entraîner des moyens financiers chez les collectivités locales, les responsables... C'est quelque chose de très concret, que j'illustre par un contre exemple ou un exemple qui va dans le même sens : nous venons d'avoir, sur des crédits de 1994, dans tous les départements, des dotations financières intéressantes au titre du développement des Bibliothèques Centres Documentaires ; pour l'Aveyron j'ai obtenu un crédit de 250 000 Francs. Alors, Alain Bouchez reconnaîtra la « culture du Nord », même si c'est un plus petit département, on a organisé les affaires, convoqué les libraires ayant un rayon jeunesse, on leur a dit : « *Combien ? Vous nous faites combien ? Vous restez dans la salle ou pas* ? » Je caricature, bien évidemment ! Aujourd'hui les Écoles ont recensé de la part des maires près de 300 000 Francs de crédits. Ce sont des choses qui fonctionnent. Des exemples de ce type, chacun en a.

Je pense qu'il y a là, une nécessité de fournir à l'État, notamment à l'Éducation nationale qui est mon secteur, les moyens de pouvoir entraîner, structurer, éventuellement compenser quand une collectivité ne peut pas, bien évidemment puisqu'il faut, bien sûr, préserver une égalité devant l'École, et pour moi ce pourrait être une donnée de l'aménagement du territoire.

Voilà ce que je voudrais dire du contrat de pays : il me semble, en effet, et je fais simplement écho à tout ce qui a été dit tout au long de cette journée, avoir là une piste de travail et d'avenir, de dynamisation de l'École, et peut-être permettant de réhabiter l'École, de se réapproprier l'École autrement. J'ajoute une petite chose : je suis exaspéré presque tous les matins en découvrant mon courrier, de très, très, très nombreux appels à voyage, à prestations de service qui concernent les Écoles et les collèges, moins les lycées ; c'est extraordinaire comme les Écoles, les I.E.N., les principaux en reçoivent encore plus que moi ! L'École est clairement pour un tas d'institutions, quelquefois cela vient même d'associations proches de l'École, elle est vraiment **tenue pour un secteur marchand**, comme d'autres et on propose n'importe quoi et les enseignants se laissent faire, « se laissent avoir » quelquefois. Et la pédagogie ou l'acte d'apprentissage n'est pas toujours, il s'en faut de beaucoup, présent. C'est difficile de réguler : on a donné bien évidemment des libertés que je trouve tout à fait intéressantes, aux directeurs d'École par exemple ; les principaux de collège gèrent cela peut-être un peu mieux, mais il y a là quelque chose qui est inquiétant et que je resitue dans cette notion de contrat de pays, projet éducatif local.

Je vais très vite sur l'adéquation formation-emploi.

J'ai entendu un certain nombre de choses qui n'ont pas toujours été très développées ce matin. Je serai donc également abrupt, pardonnez-moi. Je pense, pour l'avoir vécu lorsque j'étais dans l'académie de Lille, et dans l'académie de Versailles, puis c'est en train de se dessiner actuellement dans l'académie de Toulouse, je pense que l'idée du bassin de formation-emploi est une fausse idée, une mauvaise idée lorsque l'on y met une relation, voire une adéquation que devraient avoir les lycées techniques, les lycées professionnels, avec les possibilités du bassin, les possibilités locales de l'emploi. Je n'ai jamais vu fonctionner cela dans le Nord, où l'on a mis cela en place il y a quinze ans, ni à Versailles, alors que l'on est dans deux situations différentes : expansion économique forte du côté de l'ouest parisien, et une situation dégradée dans le Nord-Pas-de-Calais. Dans le bassin de Decazeville, le lycée de Decazeville, qui est un lycée extrémement performant, bien équipé, ne travaille que très, très, très peu pour le bassin de Decazeville. Le projet de départ a été, par le lycée, avec des fonds européens, un engagement très fort du maire de Decazeville et des élus notamment, pour l'équiper et qu'il puisse être un acteur du développement économique, un acteur de changement et de reconversion... Quelques années plus tard le lycée de Decazeville travaille pour la France entière dans le domaine de la plasturgie notamment. Cette notion m'ennuie toujours un peu et je voulais le signaler.

Quand, par contre, ce qui a été aussi développé à l'emporte-pièce, laissons faire aux entreprises, en fait, l'adaptation à l'emploi ou la formation au sens étroit du terme à l'emploi, je crois effectivement, pour avoir été antérieurement dans une collectivité locale régionale, responsable des équipements des lycées techniques, on ne pourra pas toujours, vous ne pourrez pas toujours continuer à vouloir être à l'image de toutes les entreprises, notamment industrielles, ça se pose aussi en bureautique maintenant, de l'environnement et il y a là certainement quelque chose aussi de l'ordre d'un avenir de l'École. Faisons cela avec prudence : je vois actuellement en Aveyron, c'est probablement le cas aussi ailleurs, beaucoup, beaucoup de publicité faite par un organisme comme la Chambre des métiers qui tient des discours, me semble-t-il, un petit peu limites : « *venez chez nous, on vous apprendra tout* »... On est sur des P.M.E., P.M.I. en Aveyron et les choses sont certes un peu plus compliquées que ce que je dis. Mais je suis l'un des tenants aussi du rôle pour l'École, de la mission pour l'École, d'une culture technologique et professionnelle large permettant la compréhension de ce qui se passe et les évolutions, car nous savons bien que les évolutions seront très, très nombreuses et plurielles, en tous cas dans la vie de chaque individu.

Dominique Parthenay

Il est bien difficile de rajouter quelque chose à ce qui a été dit dans la journée. On a plutôt l'impression de reprendre des choses déjà évoquées.

D'abord j'ai beaucoup appris aujourd'hui, je ne suis pas un spécialiste de l'École ; j'ai été amené à travailler dans un poste précédent avec l'Éducation nationale. Et si la Charte du Vercors paraît effectivement être un document abouti, il faut savoir que ça a quand même duré une bonne dizaine ou douzaine d'années de collaboration ponctuelle pour arriver à un travail plus global et plus formalisé.

On a pu voir aujourd'hui que l'École de la République, jugée comme une École très monolithique, avait finalement tout à fait les capacités de s'adapter, et quelques exemples ont été donnés de cette adaptation aux spécificités, aux problématiques locales. Ce qui effectivement aujourd'hui se pose sans doute et ce qui amène à s'interroger comme vous l'avez souhaité, c'est la rupture du contrat qui liait le parcours scolaire à l'emploi ; rupture finalement relativement récente et qui conduit à faire porter sur l'École une charge que sans doute, elle ne peut assumer seule.

Cette rupture conduit aussi, me semble-t-il, un peu à un « non-dit » : on a très peu parlé de la décentralisation et de « plus de décentralisation ». J'avais le sentiment en lisant l'en-tête de ce colloque, qu'il y avait, derrière la question posée des territoires, cette question effectivement de l'équilibre des pouvoirs entre l'État et les collectivités locales. Quand on regarde une douzaine d'années de décentralisation, il y a réellement un partage entre l'État et les collectivités, mais ce partage ne porte pas sur l'essentiel, c'est-à-dire sur la manière dont l'École se développe ; c'est resté quand même très lié aux investissements, aux équipements. Or ce matin quelqu'un a dit, « l'École n'est pas un équipement ». Effectivement l'École n'est pas un équipement, or pour l'instant les collectivités locales, ce sont pour l'essentiel, investies parce que c'était le seul domaine où la compétence leur était reconnue, dans cette fonction d'équipement. Il y a donc là, me semble-t-il, un débat encore à faire.

Vous me direz peut-être curieusement, de là où je suis, je ne suis pas persuadé qu'il faut effectivement davantage décentraliser l'École. Par contre l'un des enjeux, est incontestablement celui du partenariat. Or cette notion de partenariat est centrale dans la préoccupation de l'École et de son territoire et elle n'est pas effectivement naturelle, intuitive et simple. Elle repose sur un certain nombre de questions évoquées rapidement et peu débattues aujourd'hui, qui touchent d'une certaine manière à la gestion des ressources humaines au sein de l'appareil scolaire, à la permanence des équipes, à l'engagement des équipes sur le territoire et à la capacité de pouvoir nouer des dialogues, qui soient des dialogues durables. Je crois qu'il y a là un point important, un point fort sur lequel cette réponse, ce besoin pourra trouver une réponse.

C'est un besoin parce que l'on voit naître aujourd'hui, des modes de croissance, des modes de développement territorialisés nouveaux, que certains universitaires appellent « *l'intelligence des territoires* » et qui sont liés non plus seulement à la consommation par les entreprises de ressources existantes sur le territoire mais à la construction de territoire à travers le développement de l'immatériel.

Il est évident que là, l'École joue un rôle fondamental dans la construction de cet immatériel, dans le tissage de ces réseaux, de ces liens autour de l'entreprise et avec l'entreprise.

Les territoires qui sauront conserver une École, pas simplement primaire mais aussi collège et lycée, qui sauront conserver ces établissements et les associer à des stratégies locales acquerront des capacités concurrentielles très fortes par rapport à ceux qui ne pourront pas retenir ces établissements ou qui ne sauront pas lier avec ces établissements ces relations de partenariat. Il y a là, je crois, un enjeu évident.

Dernier point, c'est une banalité, mais on l'a assez peu évoquée : l'École est quand même le plus souvent, dans les zones les plus fragiles, le dernier, le seul, le grand service public ; c'est autour de l'École que peuvent se construire un certain nombre de politiques, culturelles, sociales. L'École jouant à la fois un rôle de socialisation, notamment dans les quartiers dégradés, mais aussi un pôle de services, un pôle d'animation. Avec l'unification des comportements, un rapport récent du C.E.V.I.P.O.F. a bien montré que même au plus profond de nos campagnes, les modes de comportement, les modes de consommation, se rapprochaient terriblement du modèle urbain. L'École aura évidemment un caractère fondamental dans l'implantation et la mobilité des hommes : les territoires qui ne sauront pas retenir cet équipement, qui n'auront pas les capacités pour le faire, se trouveront définitivement déclassés dans une lutte de plus en plus difficile pour le développement.

Jean Claude Guérin

Avant de continuer cet échange, je signale que Monsieur François Bocquet doit posséder un certain nombre d'exemplaires de la Charte du Vercors, dont il est fait état, et il se fera un grand plaisir de la communiquer à celles et ceux qui le désirent.

Daniel Flamand

Je voudrais rebondir sur les coûts de fonctionnement car nous avons dit « une École pour tous à quel prix ? »

Avec grand plaisir j'entendais Monsieur le Maire adjoint de la ville d'Épinal dire que lui, cela lui coûtait 2 000 francs par an. Je crois qu'il faut relativiser, c'est vrai, on ne peut pas tout demander aux lycées, on ne peut pas tout demander aux collectivités territoriales. À l'avenir il faudra travailler forcément en réseaux, et avec une collaboration renforcée entre les diverses collectivités territoriales. Je le crois de plus en plus ; il est vrai que l'on a des difficultés à travailler en interministériel, on a des difficultés à travailler en intercommunalité, mais on y vient. En Région Centre il y a 1387 établissements publics de coopération intercommunale. Pourquoi renforcer cela ? Parce qu'on améliore les taux d'utilisation : ce n'est pas 2 000 francs par an que coûte un élève d'École maternelle ou d'École primaire, pour la Région Centre c'est 10 000 Francs de fonctionnement par minute les lycées, soit 4 millions et demi de francs par jour, investissements plus fonctionnement. Voyez les masses en jeu.

Avec des établissements en réseau, on rentabiliserait les investissements et on éviterait l'isolement dont parlait Monsieur Parthenay, du C.R.I.D.E.L. On serait aussi plus fort au niveau du fonctionnement. En ce qui concerne l'aménagement du territoire, pendant que pour les lycées le Conseil régional dépense quatre millions et demi de francs, on dépense un million de francs par jour au titre du développement local. Donc je ne crois pas, Monsieur l'inspecteur d'académie qu'il s'agisse d'un problème financier ; vous pouvez toujours aller négocier en étant Inspecteur d'académie, avec le président du Conseil général ou avec le Président du Conseil régional : Monsieur Bouchez peut en témoigner, en Région Centre, on a toujours trouvé des solutions à des financements et ce n'était pas un problème de financement. Je crois qu'avec l'argent que l'on a, si on l'utilisait de manière plus pertinente, dans beaucoup de cas on arriverait à faire nettement mieux.

Jean Brianne

Je voudrais insister sur la notion de partenariat. Nous avons dans notre Hexagone plusieurs strates d'administration territoriale. Il y a la mosaïque des 36 700 communes puis il y a les 90 départements et les 22 régions. Je dis que, et nous avons essayé de faire passer au Parlement un certain nombre d'idées de partenariat, d'interterritorialité, d'intercommunalité comme on peut concevoir l'interterritorialité pour les départements comme pour les régions pour certaines actions. Si nous ne comprenons pas la nécessité de mobiliser vraiment dans un partenariat à la fois les élus locaux, et comme je le disais tout à l'heure tous les partenaires, parmi lesquels bien évidemment l'École parce que chacun, actuellement à tendance à agir de son côté sans se préoccuper de l'autre : ce n'est pas avec cela que nous pourrons faire de l'aménagement du territoire et du développement local. Je voudrais donc insister sur cette nécessité vitale du partenariat associant à la fois les Écoles, les élus et tous les secteurs socioprofessionnels qui existent.

Dominique Parthenay

Juste sur ce point, parce que l'on a tendance à considérer que ce sont les élus qui sont capables et aptes au partenariat et que l'École y serait rétive. Je voudrais simplement reprendre l'exemple du Vercors : s'il y a eu partenariat, c'est parce qu'il y a eu à un moment donné, rencontre avec le D.A.F.C.O. à une époque où nous avions des problèmes d'accompagnement des politiques de développement par la formation. Je rejoins ce que je disais tout à l'heure en matière d'intelligence de territoire. Il y avait des problèmes de mutations d'activités, d'accompagnement de ces mutations et de difficultés à trouver des solutions proches en matière de formation continue. Nous n'avions pas sur le Vercors d'établissements de formation continue et en particulier de G.R.E.T.A. : chaque établissement du Vercors étant rattaché à un établissement de la périphérie, donc englobé dans un espace qui n'était pas le sien, et surtout dans des problématiques de vallées qui n'étaient pas celles de la montagne.

Après un certain nombre d'autres opérations avec le Ministère de l'Éducation, c'est au cours d'une réunion que le D.A.F.C.O. nous a dit : « vous êtes Parc Régional, vous associez sur deux départements 64 ou 62 communes, où il y a sept collèges et deux lycées. Il faut qu'ils se regroupent, se constituent en ce qu'on a appelé un collectif des établissements pour qu'on puisse devenir réellement partenaires du syndicat mixte des élus et qu'on ait effectivement un dialogue équilibré dans les stratégies du territoire ». Donc l'initiative du regroupement et du partenariat n'est pas venue de nous, elle est venue de l'Éducation nationale, du D.A.F.C.O. à l'époque ; et c'est à partir de là que nous avons pu enrichir des actions qui jusqu'alors étaient très ponctuelles et qui sont devenues beaucoup plus systématiques puisque ce collectif était devenu un espace de travail commun régulier avec lequel nous pouvions débattre des orientations que nous avions avec l'Éducation nationale.

Jean-Claude Guérin

Au terme de cet échange et de cette journée, je voudrais poser à chacun d'entre vous sous forme de question, ce qu'a dit Monsieur le Député et qui fait écho au titre du colloque l'École, cœur du territoire. Vous avez dit, Monsieur Brianne : **« L'École est l'outil majeur de cohérence d'un territoire »**. Je demande à chacun d'entre vous, en une phrase, êtes-vous d'accord avec cette formule de Monsieur le Député et en quoi l'École est cet outil de cohérence, quelle référence à tous les rôles, toutes les fonctions, toutes les complémentarités, que l'École peut et doit jouer sur un territoire ?

Je voudrais attirer l'attention sur quelques points abordés et qui pourraient fournir des thèmes pour de prochains colloques ou des pistes de travail.

En premier lieu, la petite question « vicieuse » de Monsieur Parthenay qui se demandait si dans la discussion nous n'avions pas l'idée de poser le problème de l'équilibre des pouvoirs. Cette question n'est pas vicieuse du tout, elle est parfaitement réelle, d'autant plus réelle que l'accent a été mis tout au long de nos travaux, sur l'hétérogénéité et les hétérogénéités des territoires. Qui dit hétérogénéité dit à un niveau ou à un autre, quel est l'élément fédérateur, quel est l'élément impulseur, quel est l'élément qui empêche ce que d'autres ont souligné, c'est-à-dire les fractures, les ruptures, les exclusions ? Il est vrai que la décentralisation pose aujourd'hui ce type de problème : quel est le lieu d'harmonisation, de compensation, d'impulsion... ? C'est une première grande question.

En second lieu, c'est un peu ce que Monsieur Brianne a dit en parlant d'un problème de volonté, de volontés au pluriel je suppose. C'est à dire à quel niveau se situent exactement les volontés ? On parle bien sûr de volonté nationale, de volonté ministérielle, volonté régionale, je comprends mais de quelles façons ces différentes volontés peuvent-elles être encouragées, soutenues sans rencontrer des obstacles qui amènent ces volontés à se perdre dans les sables ? C'est un peu ce que Mairies-Conseils soulignait. De ce point de vue, je reste sur ma faim : je ne vois pas très bien où en sont exactement les projets de territoire. Qu'appelle-t-on territoire, que représentent exactement ces projets ? Un travail sérieux, approfondi n'est-il pas en fait à faire, dans lequel l'Éducation nationale a toute sa place mais ce n'est pas à elle de l'effectuer ; comment s'articuleraient alors dans ce projet, les politiques de Z.E.P. ou de projets d'établissements ?

Dernière question, dont on a beaucoup parlé, celle du problème de la préparation à l'emploi. Je comprends, alors que le mot adéquation me gênerait beaucoup plus comme certains d'entre vous, pour reprendre l'expression de Madame Lucie Tanguy sur l'introuvable relation formation-emploi. Je pense cependant qu'il nous faut faire extrêmement attention, et cela a été dit sous la forme « diktat » : ne pas oublier ou ne pas privilégier **une** seule dimension de l'École. Car si on en oublie une, que ce soit la dimension culturelle ou la dimension intégration, la dimension politique au sens large que joue l'École, au profit de la seule dimension économique on aboutit à un certain nombre de catastrophes. Mais il y a plus profond encore me semble-t-il : le recteur Frémont, et d'autres, comme Emmanuel Todd ce matin, ont souligné quelques contradictions, contradictions qui sont peut-être à la fois au cœur de l'École et en même temps sa raison d'être. C'est le « village — voyage » souligné par Monsieur Frémont ; c'est le problème de racines et déracinement. C'est aussi le problème, comme cela a été suggéré avec Decazeville, de racines et mobilité. Du coup peut-être que « l'École cœur du territoire » ce serait de prendre en compte ces **deux** éléments : à la fois la nécessité de la racine, de l'enracinement, du village qui s'appuie évidemment sur son environnement proche, qui joue son rôle ; mais aussi sa fameuse dimension voyage, c'est à dire déracinement, arrachement. Du coup le problème de culture, de citoyenneté n'est-il pas de mettre la question des racines, comme cela a été esquissé, sur un plan qui est aujourd'hui d'une certaine manière « immatériel », celui de la connaissance, des valeurs...

Avant de vous redonner la parole, sans gloser sur la notion « d'École-vache-à-lait », abordée par Monsieur Hémez, mais peut être reposer la question à Jean-Yves. Le Drian qui avait parlé de l'**École à prendre**. Des éléments de typologies apportés dans le débat ne laisseraient-ils pas plutôt craindre que l'École soit aujourd'hui à prendre ou à laisser ? Ce n'est pas une boutade : si effectivement l'on n'arrive pas à réinvestir l'École, ce n'est pas tellement que d'autres vont l'investir ou la prendre, cela ne plairait peut-être pas mais. C'est surtout le risque qu'il n'y aurait rien, le vide en quelque sorte. Qui serait vite comblé soit par des structures de type publicitaire, soit par des structures que l'on voit fleurir et dont on sait à l'avance, regardons certains pays voisins comme la Grande-Bretagne, les résultats en termes de dissociation. Un vide instauré, générateur d'éclatement, de « communautarisme » ou de ghettos.

Daniel Flamand

Pour nous les « pays » c'est au minimum 25000 personnes c'est-à-dire environ un cinquième de département ; c'est ce qu'ont voté les élus régionaux. En dessous de ce seuil, cela ne fonctionne pas : nous avons l'expérience des C.R.I.L., Contrats Régionaux d'Initiative Locale. C'est un établissement public de coopération intercommunale et c'est un professionnel du développement à la disposition du président de l'établissement public. Nous ne nous limiterons pas à l'investissement, nous entrerons dans le fonctionnement de la structure, en prenant à charge la moitié du fonctionnement de la structure. Nous souhaitons vivement que l'Éducation nationale puisse s'associer aux développeurs et aux établissements publics pour travailler avec eux.

Oui l'École est un élément important du territoire, s'il n'y a plus d'École il n'y a plus de famille donc il n'y a plus de territoire ; dans un pays rural comme le nôtre c'est la catastrophe. Nous avons deux établissements, un collège de moins de 150 élèves : nous le maintenons ; décision courageuse de l'exécutif et des élus de dire on maintient ouvert un collège de ce type-là ; dans le schéma prévisionnel des formations, nous avons pris l'engagement de ne fermer aucun site. Par contre il faudra un jour régler le problème entre le privé et le public, d'une concurrence qui peut dans certains secteurs tuer l'un et l'autre.

Philippe Hémez

En quoi l'École est-elle un outil de cohérence ? Deux choses me viennent spontanément : il y a un désir d'École, il faut y répondre. Quand on peut répondre à ce désir, l'École peut être un outil de cohérence. Même chose pour le collège du chef-lieu de canton, nous avons des petits collèges que l'on a décidé de garder parce que, tout à l'heure en entendant parler de réseaux... Il faut mettre les établissements en réseau... cela fait dix ans qu'on en parle. Mais, qu'est-ce qu'on a en tête lorsqu'on parle de réseaux ? Supprimer des sites ? Supprimer des fonctions ? Ou bien au contraire restaurer, aller vers, organiser des complémentarités ? Mettre tous les moyens des nouvelles technologies pour créer. Par exemple je regarde fonctionner depuis trois mois ce qu'un des deux G.R.E.T.A. de l'Aveyron a décidé de mettre en place.

Il a installé son A.P.P. dans sept collèges du nord Aveyron, chez Monsieur Brianne, des endroits très éloignés ça rapporte à l'École une image extraordinaire : beaucoup de gens — ils n'ont pas raison de me dire cela, car l'Éducation nationale a fait beaucoup — me disent c'est la première fois que l'Éducation nationale vient vers nous avec quelque chose. Mais cela est perçu de manière extraordinaire, et c'est de nature à redonner de la cohérence à tous ces petits territoires dans lesquels on a remis cela. Mais je crois que pour trouver une véritable cohérence, il faudrait aller plus loin. Quand on dit cohérence, quelquefois j'entends identité, donner une identité, travailler sur l'identité du territoire. Pour cela, je crois qu'autour des collèges, dans les collèges, avec leurs Écoles, il faudrait que des fonctions culturelles, de formation continue qui sont télématique et informatique, se mettent en place. Les affaires ne sont pas simples puisque là on traiterait dans le domaine culturel, la culture du terreau familial, ce qui est très revendiqué ; mais il faut se souvenir que l'École est nationale, aussi ! Nous avons ainsi quelques problèmes, en Aveyron, avec l'occitan.

Dominique Parthenay

Le développement local est en train de prendre une certaine importance, au moins dans le discours. L'Europe finance de plus en plus ces pratiques. On rappelait que la Région Centre développe sa politique des pays. On voit bien qu'il y a aujourd'hui une approche de la proximité de plus en plus importante. La D.A.T.A.R. a fait, elle-même, de la mise en place des pays une innovation majeure de la loi d'orientation de l'aménagement du territoire. Comment tout cela va-t-il se traduire ? En tous cas il y a bien là une innovation majeure.

Tout concourt à renvoyer au local la solution d'un certain nombre de difficultés, et notamment la difficulté de l'emploi. Tout le discours qui se développe sur les nouveaux gisements d'emploi, en fait se construisent autour du principe que si pendant les trente glorieuses, c'est le travail qui a créé du lien social, c'est aujourd'hui le lien social qui pourrait recréer du travail. Pourquoi pas ? Mais si cet « agir près », ou cet agir proche, ne s'accompagne pas du voir loin dont on parlait tout à l'heure, il y a un grand risque pour l'avenir de ces populations. Ce voir loin, je ne vois pas comment il peut exister sans l'École. C'est en cela, je crois, que l'École est structurante au cœur du territoire. C'est dans cette dimension que la mission de l'École aujourd'hui est sur les « savoir devenir ». C'est là que sa fonction au cœur du territoire est essentielle.

Yves Gorgeu

À partir de votre question sur les quelques collèges qui sont ma référence, les collèges ruraux sont très souvent un lieu extrêmement important de rencontre au niveau local, comme il n'en existe pas par ailleurs. Et le fait que tous les parents soient utilisateurs de ce lieu est sans doute un élément déterminant au-delà des clivages qu'ils soient idéologiques, politiques ou autres. C'est très important comme pôle d'animation et de vie locale.

Mais dans ces mêmes cas, on voit bien les limites s'il n'y a pas véritable articulation avec ce projet de territoire ou de pays, quelque chose qui a trait à une idée d'avenir sur un espace donné, et porté par des élus locaux. L'établissement a du mal à aller au-delà de la réalisation d'un certain nombre d'activités concrètes ; et cela s'arrête là.

Jean Brianne

J'ai dit ce que j'attendais de l'École, que je la considérais comme outil majeur de cohérence.

J'ai dit aussi, que je souhaitais, que j'appelais au partenariat entre collectivités et au partenariat entre toutes les forces vives d'un pays.

J'ajouterais simplement ceci : qu'au lieu de chercher les boucs émissaires, responsables de tous les maux, et notamment de la désertification et de la fermeture des Écoles, parce qu'il faut bien trouver un bouc émissaire, alors ce sont souvent les élus, j'aimerais qu'on ait la volonté et le courage politique, parce qu'il faut volonté et courage, de se mettre autour d'une table, et de voir ensemble ce qu'est le pays, quelles sont ses potentialités, quel peut être son devenir ; et de voir ensemble à la fois comment on peut avoir un projet de territoire mais aussi comment on peut avoir pour l'École, un projet pour l'École de demain, et d'être capables d'aller jusqu'à se remettre en question, car dans un département comme l'Aveyron, Monsieur l'Inspecteur d'académie ne vous l'ai pas dit, mais il y a deux tiers, je crois, des enfants scolarisés dans le public et un tiers dans le privé. Quand vous avez deux collèges dans un village où il y a à peine la place d'un, vous voyez la difficulté. Alors je voudrais, je le demande depuis un certain nombre d'années, et je n'ai pas beaucoup d'écho, je voudrais que l'on ait ce courage politique de se mettre autour d'une table et de préparer l'avenir, au lieu de critiquer les autres.

Jean-Claude Guérin

En vous remerciant, et en regrettant, compte tenu de l'importance des interventions au rapport du temps que nous avons eu à gérer, de n'avoir pu dialoguer davantage avec tous les participants, le moment est venu de conclure, très provisoirement, cette journée en donnant la parole à Monsieur Alain Bouchez, président de la commission *Décentralisation et Enseignement* de l'Inspection générale de l'Éducation nationale.

Alain Bouchez, pour la conclusion.

Monsieur le Député, mesdames et messieurs, Il y aurait beaucoup de présomption à vouloir tirer les conclusions de ce colloque et à présenter une synthèse des propos fort riches qui ont été tenus au cours de cette journée. Aussi j'ai envie tout simplement de reprendre quelques images qui me sont chères.

Je crois que nous sommes dans un pays très cartésien et tout est organisé de façon très rationnelle d'un bout à l'autre de l'État et des territoires. Or paradoxalement nous sommes aussi un pays qui, au moment où Descartes écrivait, voyait Cyrano de Bergerac écrire son *Voyage dans la lune*, c'est à dire que le Baroque fleurissait de la même façon que la Raison.

Et j'ai eu plaisir d'entendre aujourd'hui que c'est grâce aux initiatives locales, individuelles et du terrain que ce qui avait été théoriquement et rationnellement construit avait pu survivre. Et je crois que c'est peut-être la leçon qu'il faut tirer de cette réunion d'aujourd'hui : à côté d'un idéal imposé, il y a le quotidien et le réel qui se sont, eux aussi, fait entendre et eux aussi imposés, permettant à l'École bien souvent de survivre, et non seulement à l'École mais à des territoires de survivre jusqu'à aujourd'hui.

C'est une idée qui était sous-jacente à tous les propos qui ont été tenus, car je ne m'explique pas autrement comment à partir d'une orientation générale fixée par le législateur il y a quelque cent ans, à savoir **« l'École déterritorialisera, déprovincialisera les territoires »**, on en est arrivé à ce qu'elle s'**est appropriée les territoires, et les territoires se sont approprié l'École**. Parce que c'est quand même cela le miracle : j'ai envie de dire que l'École est l'École du miracle, et aussi un lieu magique en fin de compte. Parce que, pour filer la métaphore, c'est un lieu magique, le lieu où ce genre d'opération, non voulue par le législateur, (car il s'agissait bien de coloniser les territoires au départ), chaque territoire se l'est appropriée ce qui n'a pas du tout le même sens ni la même portée.

Le lieu est magique encore parce que non seulement l'École a réussi cette métamorphose, mais réussit aussi ce formidable phénomène de transformer des enfants impubères en citoyens responsables, d'une commune ou d'un pays. Et ceci sans qu'on y prenne garde, sans que l'on sache bien comment cela se passe. On le fait pratiquement malgré nous, malgré soi en quelque sorte. Il serait peut-être plus intéressant de le faire de façon consciente et de façon plus efficace.

Ceci témoigne bien que l'École est bien enracinée,

qu'elle est un organisme vivant et qui ne peut qu'évoluer. Ceci est d'autant plus fort, d'autant plus perceptible que nous sommes dans des temps d'anxiété, et, on l'a dit, des temps d'incertitudes en raison du chômage et de mutations sociales profondes. En fait l'École reste plus qu'on ne le dit, plus même qu'on ne le pense, le lieu d'accueil, le lieu d'écoute, le lieu de la motivation et le lieu d'initiatives. Ce miracle-là c'est justement par les hommes qu'il est possible et qu'il arrive.

Étrangement, nous le savons tous, et pour reprendre les images d'Épinal, nous avons construit l'École grâce aux hussards noirs de la République. Je pense que l'on pourrait construire les territoires grâce à de nouveaux hussards noirs du territoire et que cela ne peut se faire que par le choix des hommes aux fonctions essentielles. Des gens capables d'initiatives, capables de dynamisme, capables de s'intégrer et capables d'avoir une vision plus globale des enjeux. Et je crois que c'est-là une des missions de l'État. Et c'est pourquoi, c'est peut-être ce qui me paraît le plus urgent aujourd'hui, je souhaiterais très vivement que les missions de l'État soient redéfinies et que celui-ci soit capable de libérer l'initiative, de susciter l'initiative, de faciliter l'initiative. Cela passe fatalement, par le choix des hommes, et des hommes qui sont à des postes de responsabilités. Le choix et leur formation. Si l'on ne fait pas ce détour, si l'on ne choisit pas délibérément cette voie tout ne sera que lettre morte.

Je ne veux pas reprendre tout ce qui a été dit, mais je crois que si l'École s'est bien enracinée, elle est aussi bien vivante, malgré tout ce que l'on a pu dire, malgré les drames, malgré les troubles qu'elle vit, parce qu'on l'a dit, elle est quand même, un lieu structuré, en fait la seule structure qui dure, qui traverse, qui « permane » en quelque sorte, qui a franchi les décennies, qui a franchi des guerres, des cataclysmes, des mini-révolutions et qui franchira, peut être les frontières européennes. Donc c'est parce que c'est une structure, une structure solide, sans doute bien conçue en fin de compte, — il faut savoir qu'elle a mis plusieurs centaines d'années à se construire — et ce n'est pas demain matin qu'on va la faire sombrer, contrairement à ce que l'on peut croire ; et ce n'est pas demain matin non plus que n'importe qui pourra se l'approprier.

J'ai envie de dire que si l'École a été là un moment l'enjeu de l'État central, je pense que maintenant elle doit être l'enjeu, elle va être l'enjeu de l'État local. Et je dis bien l'**État local**, parce que, en redéfinissant les notions et missions de l'État, je pense qu'il faut sous-entendre, il faut voir naître aussi, **que l'État c'est aussi le local aujourd'hui.** Les grandes missions ne doivent pas être laissées uniquement au Parlement.

En tout état de cause je suis aussi très heureux d'avoir entendu que le territoire était multiple, emboîté, presque intellectuel mais très prégnant dans ce pays. C'est très important parce que cela donne une autre vision qu'une vision abstraite ou intellectuelle de notre pays. C'est une vision charnelle. Dans cette vision charnelle les hommes peuvent jouer leur rôle ; dans une vision intellectuelle on n'aurait besoin que de robots et de statistiques.

Je vous remercie de votre patience. Monsieur le Sénateur, Monsieur le Député, mesdames, messieurs qui vous êtes déplacés, mesdames, messieurs les conférenciers, merci de votre participation.

ANNEXES

Nous joignons en annexe, l'intervention de **M. Cuby, Inspecteur général de l'administration de l'Éducation nationale,** qui, en raison du manque de temps n'a pu s'exprimer au cours de la table ronde animée par M. Le Drian.

« Instinctivement, sentimentalement on ne peut qu'adhérer au concept, à la démarche de l'École au cœur du territoire. Pour avoir travaillé ces deux dernières années sur les Zones d'Habitats Dispersés et sur cent soixante-sept établissements dits sensibles, objet de deux rapports récents, l'I.G.A.E.N. porte naturellement témoignage que l'École constitue bien souvent encore le symbole de la vie d'un terroir ou que, dans tel quartier, elle représente l'unique lieu de vie collective.

Mais là ne sera pas mon propos. J'ai préféré m'interroger devant vous sur la métaphore proposée et vous faire part très succinctement, à la demande d'Alain Bouchez, de **quelques réflexions schématiques issues de travaux récents sur l'administration de l'E.N.** (un rapport qui se voulait prospectif, « Centrale 2000 », et une commission d'études sur la réorganisation et la déconcentration de notre ministère).

Certes le **Cœur** est un organe noble, à la symbolique évidente. Mais on peut dire aussi plus prosaïquement que c'est un muscle creux qui bat mécaniquement à 70-80 pulsations à la minute et dont la fonction est de recevoir et d'expulser le sang !

De même l'École est un organe qui bat au rythme de l'année scolaire, qui reçoit et restitue (rejette aussi !) des cohortes d'élèves. Or, pour traiter des millions de jeunes comme pour traiter des millions de globules, il faut certes des automatismes bien rodés, une bonne fluidité, mais pour assurer cette régulation il faut d'abord de l'intelligence et cela est le fait du cerveau et du système nerveux.

Dans un univers de plus en plus complexe, dans lequel à la fois il faut assurer à tous un égal accès au savoir (l'École) et tenir compte de la diversité des situations et des territoires (les Écoles), il importe que notre administration, largement biséculaire, notre système nerveux en quelque sorte, s'interroge sur elle-même et imagine de nouvelles formes pour l'avenir.

QUELQUES OBSERVATIONS D'ABORD QUI PEUVENT ALLER À L'ENCONTRE D'IDÉES REÇUES

1. Sur le fonctionnement de la « machine »

En dépit de toutes les critiques, celle-ci « tourne ». c'est une administration qui a mis en œuvre de multiples réformes et qui de 1980 à 1994 a absorbé 1 300 000 élèves, 60 000 enseignants et 4 000 établissements supplémentaires avec 3 000 emplois administratifs en moins, grâce notamment à une informatique assez performante et économique

2. Sur sa prétendue énormité et l'importance de son administration centrale

L'administration centrale comporte 2 800 personnes et a connu une diminution de ses effectifs de 700 en sept ans. Notons que l'administration centrale de l'Agriculture, pour moins de 800 000 agriculteurs, a le même nombre d'agents centraux. Par ailleurs le ratio personnels gestionnaires sur personnels gérés est dix fois moindre que celui de grandes organisations comparables publiques ou privées !

3. Sur la déconcentration

Contrairement aux idées reçues, il s'agit, de l'administration la plus déconcentrée : plus de 150 mesures de déconcentration ont été prises depuis 1985 et la déconcentration avait commencé bien auparavant dans les années 70. L'Éducation nationale est le seul ministère dont certaines catégories A soient gérées, voire recrutées localement (Professeurs des Écoles).

Mais a-t-on bien déconcentré et quid de la gestion encore centralisée de 400 000 enseignants ?

4. Sur l'autonomie des établissements

Plus du tiers des décisions sont prises à ce niveau. Mais si l'on peut déplorer leur manque d'autonomie dans la gestion on constate paradoxalement que les établissements disposent d'une très grande liberté qui confine parfois au laxisme sur l'essentiel, c'est-à-dire sur la production et les résultats.

5. Enfin, quant aux solutions à adopter pour remédier aux défauts du système, notre sentiment est que ni une décentralisation généralisée, ni la déconcentration telle qu'elle a été menée généralement jusqu'ici ne pourront garantir par elles-mêmes les meilleurs effets.

DES PERSPECTIVES POUR LE LONG TERME

Plus riche en revanche, plus difficile aussi nous paraît devoir être une démarche de réflexion et de recomposition qui parte beaucoup plus de la base et du territoire que du sommet et qui intègre quatre grandes perspectives de long terme, dont les deux premières, inscrites dans les textes, sont encore loin d'être traduites dans les pratiques.

1. Le service public est **d'abord le service rendu au public** : c'est pour l'élève, les familles, l'établissement que l'administration supérieure travaille et non pour la satisfaction de tel groupe de spécialistes ou de tel groupe de pression.

2. Il faudra appliquer le **principe** de **subsidiarité**

• sur une administration centrale qui est encore encombrée de tâches de gestion et trop éloignée de sa mission de conception, d'impulsion et d'évaluation (définir et faire vivre des standard et des objectifs nationaux d'éducation, une politique de la ressource humaine, une politique de gestion et de répartition des moyens)

• et sur une administration académique qui, reproduisant structures et modes de fonctionnement de « la centrale » comporte plus, en relais hiérarchique de procédures et de moyens qu'en lieu de pilotage de ressources et d'évaluation des établissements.

3. On devra veiller à **une meilleure intégration** entre les filières pédagogiques et administratives

Le clivage historique entre « pédagogues » et « administratifs », « enseignants » et « non-enseignants », traverse tout l'appareil et pèse sur les structures et les procédures

Qu'il s'agisse de programmes, d'examens de gestion de personnel, d'équipements ou de crédits, rares sont les démarches qui intègrent pleinement, et en temps opportun toutes les données permettant de déterminer une politique ou d'atteindre un résultat. La complexité, la diversité accrues des situations et le souci croissant d'un meilleur rendement des moyens appelleront sur ce point de sérieuses révisions de nos organisations et de nos corporations.

4. Enfin, tous les acteurs aspirent à des modes de fonctionnement et de travail différents.

L'on ressent confusément que le nombre des actions de modernisation actuelles, spécifiques ou non à l'Éducation nationale portent en germe l'administration du futur :

- ainsi la prise en considération des fonctions et des **chaînes complexes de décision** (et non plus seulement des compétences juridiques), des **métiers** (et non plus seulement des statuts et des corps), le souci des **objectifs et des résultats,** les démarches de **projets, de zonage** (les Z.E.P., les zones sensibles) et de **réseaux**, les ébauches de **contractualisation,**

- par ailleurs, l'emploi par tout un chacun des nouvelles technologies, même si nous savons que celles-ci ne transforment pas aussi vite et profondément qu'on l'avait cru initialement nos univers professionnels, induira des formes de travail et de communication qui vont bouleverser les hiérarchies et les modes de fonctionnement traditionnels.

J'espère pour ma part que ces perspectives ne sont pas des utopies et que l'évolution des textes, toutes les démarches de modernisation des moyens et des structures permettront d'aller dans ce sens en accompagnement de la relation École-territoire. Il faudra de la persévérance et du temps, car nos esprits et notre culture n'y sont pas encore suffisamment préparés.

LISTE DES PARTICIPANTS

Albert, Directeur des Affaires Scolaires. Région Centre, Orléans.
Albertini, Professeur historien (conférencier).
André Georges, Proviseur. Lycée Jean Guéhenno, Vannes.
Aoustin Mme, Administrateur UNAF.

Baconnet Marc, IGEN Lettres.
Baret Catherine Mme, Directeur Général CIE, Boulogne.
Barthe Claude, IGEN.
Baton, Directeur général de l'enseignement en Belgique.
Beaulieu, Vice-Président Conseil Régional Poitou-Charente, (conférencier).
Belliot Marie Mme, Dominique Proviseur stagiaire.
Benazet Paule Mme, CM IGEN.
Benso Gérard, Principal.
Berland, Proviseur Lycée Jacques Decour Paris.
Bernard Jacques, CASU Loire-Atlantique.
Bernis de Jean Paul, Trésorier Général de la PEEP.
Bierer, Proviseur Jules Ferry Paris.
Billet Jean-Claude, Vice-président de l'UNAF (conférencier).
Bisgambiglia Mme, Proviseur-adjoint Lycée Paul Bert Paris.
Bizet Bernard, Avocat.
Blanc Maurice, IGAEN.
Bocquet François, Délégué du Parc du Vercors.
Bodin, Président CIE Boulogne.
Bonneau-Waltzer, chef du bureau DLCE2, Ministère.
Bordas James, Sénateur.
Bottin Jean, Inspecteur général CM Direction des personnels.
Bottrel J-F, Recteur Directeur INRP.
Bouchez Alain, IGEN.
Bourdais Jacky, CM IGEN.
Bourdenx J-L, Proviseur Lycée de Nontron.
Bourgeat Bruno, Directeur Affaires scolaires Conseil Général Drôme.
Bouveau Patrick, INRP.
Breton, Région Centre.
Brianne, Député (conférencier).
Briffaz, Proviseur stagiaire.
Bui-trong Mme, Commissaire de police (conférencier).

Cahoreau-Gallier, Vice-président Communication Électronique.
Capdeville Josette Mme, CM IGEN.
Caré Bernadette Mme, Chef d'établissement Centre Condorcet.
Casanova Marie-Paule Mme, Éditions Hachette, (conférencier).
Cassaing M., IGEN.
Cayssials Maryse Mme, Proviseur-Adjoint Lycée Raspail.
Cazenave Mme, Présidente Edition.

Cénat Jean-Luc, IGEN Doyen.
Cerfontaine, CM IGEN.
Chalumeau, DEC1 Ministère.
Chambon André, INRP.
Champion, Vice-Président du SNALC.
Chanut Mme, Proviseur Lycée Victor Duruy Paris.
Chapuis Robert, IGEN ancien ministre.
Chasse, CM auprès d'un Député de Belgique.
Chaudron Mlle, Collaboratrice du sénateur Bordas.
Christin Simone Mme, IPR Bordeaux.
Colomb Gérard, chercheur INRP.
Cohen Pierre, Principal St Mandé.
Courjaret Katherine Mme, Proviseur stagiaire.
Crozat François, Proviseur stagiaire.
Cuby, IGAEN (conférencier).
Czalczynski Danielle Mme, Secrétaire générale adjointe SNUIPP.

Dallemagne, IGAEN.
Darrigrand Nicole Mme, CM IGEN.
Darquier, CASU stagiaire.
Dayot Daniel, Proviseur stagiaire.
Debette Bernard, Doyen IGEN STI.
Dekeyser Jacques, IA honoraire.
Delattre Jean-Paul, Direction des Écoles, Ministère de l'Éducation nationale.
Delhomme Noëlle Mme, Proviseur stagiaire.
Denance Mme, Principal Vitry.
Deniel, Professeur des Écoles, rue Tandou Paris 190.
Denis Michel, Président de l'IEP de Rennes, (conférencier).
Deplouis François, Sous-directeur DLC.
Desplat Eric, Proviseur stagiaire.
Dessieux Mme, IGEN Histoire.
Drouet Françoise Mme Instit. Déléguée SNEP/ FAEN.
Dubos Jean-Louis, Proviseur.
Duhamel Marcel, Directeur des Écoles Représentant le Ministre.
Dumareix Muriel Mme, Principal collège de Paris 9.
Dumont Laure Mme, Journaliste Journal des instituteurs Nathan.
Dupont Nicole Mme, Proviseur stagiaire.
During Evelyne Mme, Proviseur stagiaire.
Dutriez Mme, CM IGAEN.
Duval Philippe, IGEN.

Epstein Mme, Proviseur-adjoint Lycée François Villon Paris.
Esparcieux, Délégué, Général As. formations Transports Paris.

Falcinelli Jacques, Directeur Général Enst du Hainaut (Belgique).
Faure Colette Mme, Proviseur stagiaire.
Favart Jean, IGEN.
Feneuille Serge, Directeur Recherche Ciments-Lafarge (conférencier).
Ferry Luc, Philosophe, Président du CNP (conférencier).
Field Mme, IPR Vie scolaire Rennes.
Flamand Béatrice, Journaliste.

Flamand Daniel, Directeur Aménagement Territoire Région Centre (conférencier).
Follain Mary Mme, Journaliste Éducation / The Independent.
Frat Muriel Mme, Journaliste, Le Figaro.
Freiermuth Jean-Claude, Proviseur stagiaire.
Fremont, Recteur (conférencier).
Frette Philippe, Proviseur stagiaire.

Gandre Françoise Mme, Principal adjoint Talant.
Garnier Mme, Principal Camille Claudel Paris.
Gasnier, IEN stagiaire.
Gavini, Inspecteur d'académie Eure.
Gensy Eliane Mlle, Secrétariat-Accueil.
Geneix Nicole Mme, Secrétaire générale adj. SNUIPP.
Ghoul Édouard, Ingénieur (conférencier).
Giolitto Pierre, IGEN.
Gletz Guillaume.
Godefroid Président, UNAF Landes.
Gorgeu, Mairies-Conseils Caisse des Dépôts (conférencier).
Grandame, Principal de collège Valenciennes.
Grandbastien, IGEN.
Groshens Jean-Claude, Conseiller d'État.
Guerin Jean-Claude, CMIGEN (conférencier).
Guerin Yves, IGEN.
Guerin Mme, Principal Collège R-Rolland Le Plessis.
Grasser, adjoint au maire Épinal (conférencier).
Grduzsak Mme, IEN stagiaire.
Gressot Sylvain, Vie scolaire Paris.
Groseil Bernard, Secrétaire général FAEN.

Hazard, IGEN.
Hemez, Inspecteur d'académie Rodez (conférencier).
Hornemann Jacqueline Mme, Chercheur.
Hui Claude, Proviseur Lycée Fresnel Paris.

Izard H.J., IEN St Herblain.

Jonquois Jean-Pierre, Conseil Finances.
Jolivet Ginette Mme, Dir. Adj. IUFM / Syndicat SNIPR.
Jorand Annie Mme, Proviseur Lycée Chartres.

Khong, Principal Viroflay.
Kreps Selam Mme, association des Maires de France.

Lacronique Catherine Mme, IEN.
Laforest Georges, Doyen IGEN (conférencier).
Lair Mlle, Association des Maires de France.
Lancon Mlle, Directeur affaires scolaires, Haute Normandie, Rouen.
Lanotte Jacques, Sec-général Université Charleroi Belgique.
Lebelle Jean, Proviseur Lycée Rabelais Paris
Leclere Pascale, SASU stagiaire.
Le Drian Jean-Yves, IGEN, ancien ministre (conférencier).
Le Guen Martine Mme, chef de bureau DLC.

Le Vraux, IGEN.
Letourneux J.P., Chef de MAFPEN Nantes (conférencier).
Levasseur Jacqueline Mme, Chef Département.
Luciani, Principal de collège Cogolin.

Maccario Bernard, Direct Formation CNPID Centre Condorcet.
Mace Hugues, Proviseur Laon.
Mahinc, Proviseur adjoint.
Mallet Daniel, IGAEN.
Martin Charles, IGAEN.
Martin Jacques, IGEN.
Marucelli Michel, secrétaire général SIE-FEN, Rue Lalande Paris.
Mathez, IEN Paris.
Mathieu Hélène Mme, IGEN.
Matrat Rose Mme, Proviseur stagiaire.
Maraninchi Violette Mme, Chef de cabinet Mairie de Paris.
Mazurie, CM IGEN.
Meano Renée Mme, Proviseur Lycée Simone Veil Paris.
Menasseyre Christiane Mme, IGEN Philosophie.
Merle, Proviseur Lycée Paul Bert Paris.
Merlini Christiane Mme, Proviseur Lycée Fulbert Chartres.
Mezouar Marie-Claude, Principal.
Michel Alain, IGEN.
Minot Anne Mme, CM actions artistiques, Ministère de la Culture.
Moingeon Marc, Directeur Hachette Éducation.
Morel Patricia Mme, Proviseur stagiaire.
Morin Paul, Proviseur stagiaire.
Munier Jean-Marie, IPR IA Paris EVS.

Nagy Mme, Proviseur Lycée Choiseul, Tours.
Navas Yvonne Mme, Proviseur Foyer des lycéennes.
Nesterenko Pierre.
Nuninger, Proviseur Lycée Besançon.

Ottenwaeller M.Odile Mme, CNE.

Parthenay, Directeur du CRIDEL (conférencier).
Pernezy Mme, Rédactrice Lettre des Parents.
Perrin Hélène Mme, Proviseur Lycée Charlemagne Paris.
Perthain Pierre, Conseil en entreprise.
Petit Claude Mme, Proviseur stagiaire.
Petit Daniel, Direct Formation Transports AFT.
Petit Gérard, IEN stagiaire.
Peyrard, Professeur d'université.
Picard France Mme, Secrétaire général UNAF.
Pineau, IGAEN.
Polvent Jean-Pierre, IEN Évreux.
Pourchet Gérard, IGEN.
Prévost Yves, Secrétaire SIEN-FEN « Collèges », Boulevard Saint Germain.
Prieur, Mairie de Montreuil.
Py Gilbert, MAFPEN Paris, représentant le recteur de Paris.

Quiniou Mme, Proviseur EVS Versailles.

Rancurel Marc, IGEN.
Regnault, Sénateur.
Ribier Mme, C.N.E.
Robin Alain, Région Centre.
Robillart Guy, IGEN, doyen du groupe Enseignement primaire.
Rodie-Talbiere Mme, Responsable formation Centre Condorcet.
Roger, IGEN, Chargé de mission auprès du président du Sénat.
Rossignol Marie-France Mme, Proviseur stagiaire.
Rolland Marie-Claire Mme, IGEN, doyen honoraire.
Roubeau Jacques, Audit Sécurité.
Roucou, Directeur Adjoint ONISEP.
Rouzies, IGEN.
Rubio Edouard, IGEN.

Sabadie Odile Mme; Chef de bureau DITEN.
Saint-Marc Christine Mme, CM IGEN.
Santarelli Gabrielle Mme, IEN bureau Nl SIEN FEN.
Savoir Mme, Documentaliste collège Étrechy Essonne.
Sénécat Jacques, IGEN.
Septours Georges, Directeur des personnels enseignants.
Servant Anne Mme, DEP.
Simon Jacky, IGAEN.
Spiller Evelyne Mme, Cabinet du Premier Ministre.
Staropolli André, Secrétaire général C.N.E.

Taillandier Monique Mme, Proviseur stagiaire.
Tausky Catherine Mme, Proviseur stagiaire.
Thiery, IA Conseiller technique du ministre.
Thomas Fabienne Mme, stagiaire IUP.
Tison Jean-Pierre, Industriel.
Todd Emmanuel, Sociologue (conférencier).
Tomasi François, Proviseur Adj. Lycée Fresnel Paris.
Toutpris Denis, IEN stagiaire.
Trach, Proviseur Évreux.
Travers Christian, Directeur Éditions Hachette Classiques.
Trimaglio B., Président de l'UNAF.
Trocme Brigitte, DLC3.
Truchot Guy, DEP.

Vacher Pierre, Ingénieur conseil.
Valabregue Antoine, Professeur formateur.
Vancassel, Proviseur Établissement et vie scolaire Rennes.
Vigny, Proviseur Villiers St Frédéric.
Vinatier Christine Mme, Proviseur stagiaire.
Vu Dinh Hoang, Étudiante.

Waysdbord Hélène Mme, IGEN.
Wils, IEN stagiaire Bavay.
Wisniewski Françoise, Proviseur Montididier.

Zemirou, Proviseur Adjoint Lycée Simone Weil.
Zieleman, Proviseur établissement et vie scolaire Reims.

Imprimé en France par I.M.E. - 25110 Baume-les-Dames
Dépôt légal n° 4938-04/1996
Collection n° 10 - Edition n° 01
17/0446/9